Das große BUNTE BUCH Stilvoll feiern

So gelingt jedes Fest: Experten und Prominente verraten ihre Tipps!

Inhalt

Vorwort

Es gab Zeiten, lange her, da standen Gäste unter dem Schutz eines Gottes (Jupiter hospitalis) oder des Staates: Gastfreundschaft war in einigen antiken griechischen Staaten als jedermanns Pflicht in der Verfassung festgeschrieben. Es gab Zeiten, noch nicht so lange her, da durften wir keine Gäste empfangen. Social Distancing hieß das und wurde – ebenfalls per Gesetz – als Kontaktverbot verhängt. Aus heutiger Sicht beinahe schon undenkbar!

Zu allen Zeiten haben Menschen gern gefeiert – Familienfeste, Feiertage, Grill- & Weihnachtspartys, die Anlässe sind zahllos, groß oder klein ... Denn: Zusammen feiern, gemeinsam essen und trinken sind der Inbegriff von Freundschaft und Nähe, von Verbundenheit und Wertschätzung; ob große Party oder kleines Abendessen, ob Jacht oder Hinterhof, ob Kaviar oder Käsekuchen. Egal! Beim Feiern geht es um das Besiegeln und Erneuern von Freundschaft, um das Zelebrieren gemeinsamer Momente, um das Schaffen von Erinnerungen und den typischen "Weißt du noch damals"-Anekdoten.

Zusammen feiern ist eine herrlich demokratische Angelegenheit. Und weil das Gelingen eines Festes weniger vom Kontostand als von der Herzenswärme der/des Einladenden abhängt, kann deswegen jede/-r ein/-e Gastgeber/-in sein!

✦✦✦

Dieses Buch möchte Sie dazu ermutigen und mit dem nötigen Know-how dafür ausstatten. Mit Inspirationen, Ideen und Tipps, klugen Gedanken und konkreten Adressen, Rezept- und Dekotipps – und der nötigen Portion Gelassenheit und dem Laissez-faire-Esprit, der bei aller penibIen Vorbereitung dem Zufall und der Improvisation Raum lässt.

Dabei konnten wir auf wertvolles Spezialwissen zugreifen: nämlich auf die Erfahrungen und das Insiderwissen professioneller Gastgeber/-innen und Event-Profis, von Top-Gastronomen und Prominenten – eben all jenen, die (schon von Berufs wegen) oft feiern und denen die Redaktion BUNTE als Society- und People-Magazin immer wieder begegnete. Kein "normaler" Ratgeber also, sondern prall gefüllt mit Lebens- und Küchenweisheiten, erprobten Erfolgsrezepten der BUNTE-Genuss-Prominenz. Wir begleiten Sie dabei durch die vier Jahreszeiten, weil der Wechsel der Saisons, die ritualisierte Wiederkehr von Anlässen ein wunderbarer Taktgeber für Feste und Einladungen sind.

Ob Frühlingsbrunch oder Festessen, ob Dinner für zwei oder Drinks für alle ... Genießen Sie es, stilvoll und unangestrengt zu feiern, genießen Sie es, Gastgeber/-in zu sein!

Ihr BUNTE Magazin

"Gastgeben ist das Balancieren zwischen Perfektion und Ungezwungenem, zwischen Planung und Improvisation."

Lilly zu Sayn-Wittgenstein
(Prinzessin, Unternehmerin)

Frühling

Ihr Fest beginnt, die Gäste kommen! Wie Sie ihnen einen guten Empfang bereiten können und alles ganz entspannt vorbereiten, erfahren Sie auf den folgenden Seiten. Plus: die besten Tipps für Gästeliste bis Deko – und frische Frühlingsrezepte.

Ein guter Plan macht ein gutes Fest

Der Frühling weckt unsere Lebensgeister. Die Natur beginnt zu grünen und zu blühen. Das Wetter wird zunehmend besser, man kann ab und zu schon draußen sitzen. Nach dem kalten, eher ungemütlichen Winter kommt man gern wieder in größeren Runden zusammen und genießt gemeinsam die gute Energie des Aufbruches.

In diesem Kapitel zeigen wir Ihnen, wie Sie Ihre Einladung möglichst entspannt und mit Freude planen und vorbereiten können. Welche Tools, Gedanken und Services Ihnen dabei helfen und was Sie alles bedenken sollten. Das Ziel ist dabei stets, dass Sie mit einem guten Gefühl in Ihr Event starten und es vollends selbst genießen können!

Der passende Termin

Jede/-r Gastgeber/-in wünscht sich, dass möglichst viele der Eingeladenen auch wirklich erscheinen können. Doch je länger die Gästeliste ist, desto schwieriger ist es, einen passenden Termin zu finden, an dem alle Zeit finden. Davon sollten Sie sich nicht frustrieren lassen, aber das Thema trotzdem strukturiert angehen, um viele potenzielle Hindernisse zu vermeiden.

Ein paar Dinge sollten Sie auf dem Schirm haben: Das Datum eines WM-Finales oder andere wichtige Tage im Sport- oder Kulturkalender sind nie gut geeignet für ein Fest – wer sich in die Konkurrenz der deutschen Elf stellt, kann nur verlieren. Auch an Feiertagen haben oftmals viele Gäste eigene Pläne, genau wie in der Urlaubszeit. Nehmen Sie sich für die Auswahl eines möglichen Termines also etwas Zeit, und bedenken Sie, welche anderen Daten für Ihre Gäste wichtig sein könnten. Festival-Fans erreicht man im Sommer nicht an den für sie "wichtigsten Terminen des Jahres", Highlights wie die Wagner-Festspiele sollten Sie gegebenenfalls genauso meiden. Wenn unter den Eingeladenen viele Wintersportler/-innen sind, fragen Sie vielleicht vorher ab, wann die Skitouren in dieser Saison geplant sind, und Eltern erreicht man schwer in den Schulferien. Ein Seitenblick auf solche Dinge lohnt sich – zu viel Recherche müssen Sie aber auch nicht betreiben.

Genaue Angaben schützen vor Nachrichtenflut

Vor allem dann nicht, wenn Sie Ihre Gäste bei der Festlegung eines Datums mitreden lassen wollen. Das empfiehlt sich jedoch nur bei einer überschaubaren Anzahl an Eingeladenen. Und Vorsicht: Dieser Punkt kann jede Menge Kommunikation auslösen, sprich: sehr viele

Nachrichten auf allen denkbaren Kanälen! Wenn Sie drei, vier Termine zur Auswahl vorschlagen mit der Bitte, dass jede/-r dazu Feedback geben soll, können Sie dafür ein digitales Tool wie Doodle nutzen oder beispielsweise in einer E-Mail schreiben: “Bitte gebt mir kurz direkt per Mail eine Rückmeldung, welche dieser Daten für Euch passen. Ich sammle alles und melde mich schnellstmöglich mit dem finalen Datum!”

✦✦✦

Geben Sie in einer WhatsApp-Gruppe Termine zur Auswahl vor, bricht mit hoher Wahrscheinlichkeit ein mittleres Chaos aus, weil viele noch mit witzigen Sprüchen, Memes, langen Erklärungen oder auch “Sorry, hab mich geirrt, kann am 4. doch nicht!” dazwischengrätschen. Und Sie müssen am Ende mühsam die Essenz auslesen. Dieser Weg ist also nur geeignet für kleinere Gruppen und Menschen mit sehr starken Nerven.

Wann passt es den Lieblingsmenschen gut?

Sind es wirklich nur drei bis vier Lieblingsmenschen, die Sie einladen, können Sie auch einzeln abfragen, wann es wem gut passt – zum Beispiel “in den kommenden vier Wochen” –, und dann allen zeitnah ein Ergebnis mitteilen. Wenn es ein eher großes Fest ist, bei dem Sie zwei, drei wichtige Menschen auf jeden Fall dabeihaben wollen, dann sprechen Sie die Daten doch vorab mit ihnen ab und treffen dann eine Entscheidung.

BUNTE - TIPP

Natürlich sind Freitag und Samstag die beliebtesten Tage für eine Feier am Abend, aber denken Sie ruhig auch mal über einen **Wochentag** nach: Ein knackiges Dinner an einem Mittwochabend kann fantastisch sein. Wenn Sie in die Einladung ein klares Zeitfenster wie "19 bis 22.30 Uhr" schreiben, wird das in der Regel respektiert – es wollen ja alle am Donnerstag wieder frisch ins Büro gehen. Bei solchen Terminen können in der Regel mehr Gäste zusagen als an einem Wochenende. Es wird dann vielleicht nicht so viel getrunken, aber da alle wissen, dass der Abend nicht sonderlich lang wird, starten die Gäste oftmals sehr engagiert hinein, und die Stimmung ist oft rasch sehr gut.

Je größer ein Fest geplant wird, desto früher sollte eingeladen werden, damit alle sich den Termin freihalten können, auch in Bezug auf Urlaubsplanung oder größere Projekte. Die wichtigsten Infos in jeder Einladung sind das "Was" und "Wann", am besten auch das "Wo". Bei einer Hochzeit geht man davon aus, dass man die Gäste bis zu einem Jahr im Voraus über den schönen Anlass informieren sollte: Dann muss noch nicht die finale Einladung geschickt werden, sondern ein einfaches "Save the Date!" reicht aus, um dazu zu animieren, den Termin in den Kalender einzutragen; außerdem wird so schon mal ein bisschen Vorfreude angefacht.

Bei einem lockeren privaten Fest reichen drei bis sechs Wochen Vorlauf aus – auch hier hat man jedoch bei einer früheren Einladung oft die besseren Chancen auf Zusagen. Viele unter uns haben volle Terminkalender – mit Geburtstagen, anderen Einladungen, beruflichen Terminen und Verpflichtungen, und nur wenn ein Termin frühzeitig gesichert ist, wird er nicht mehr anderweitig vergeben.

Wenn es eher eine kleine Runde ist, kann man es auch mal spontan probieren. Denn manchmal tut es gerade in unserer vollgeplanten Zeit supergut, wenn eine Nachricht à la "Sonntag, 19 Uhr – Rosé und Cracker auf meinem Balkon?" reinflattert – eine Einladung, einfach nur weil das Wetter schön ist, man sich länger nicht gesehen hat oder ganz ohne Anlass, einfach so. Das braucht auch nicht viel Vorbereitung, sondern lebt von der Improvisation. Wenn Sie etwas kochen wollen, dann passen hier Klassiker wie Spaghetti bolognese ganz wunderbar. "Ja!" – die Antwort auf diese spontane Einladung lautet dann auch meist: "Jaaaaa! Unbedingt, ich bin dabei!"

BUNTE - TIPP

Einen Vorteil hat frühes Einladen noch: Wenn Gäste direkt absagen, können Sie gegebenenfalls andere **"nachnominieren"** – ohne dass deren Gefühle verletzt werden, weil sie merken, dass sie nicht auf der A-Liste standen ...

Der beste Ort

Man braucht nicht viel zum Feiern: ein paar Quadratmeter Platz, Sitzgelegenheiten und bei einem Dinner einen passenden Tisch. Das passt in die kleinste Hütte, könnte man sagen – doch es sollte schon genug Fläche vorhanden sein, damit sich alle wohlfühlen. Bei Hochzeiten gilt die Faustregel, dass man rund einen Quadratmeter Platz pro Person rechnen sollte. Wenn Sie in Ihrer eigenen Wohnung feiern, sollten Sie nüchtern betrachten, wie viel Fläche von den Gästen wirklich genutzt werden kann. Schätzen Sie also realistisch ein, wie viele bei Ihnen gut unterkommen, und stimmen Sie die Zahl der Eingeladenen darauf ab! Das hängt auch sehr von der Art der Einladung ab: Bei einem gesetzten Essen braucht man mehr Raum als bei einer Party, bei der alle vom Buffet essen, oder bei einer eher intimeren Runde mit engen Freund/-innen, die sich auch mal unkompliziert zusammen aufs Sofa setzen.

Feiern im Restaurant

Wenn die privaten Räume nicht ausreichen, gibt es viele Möglichkeiten auszuweichen: Viele Anbieter vermieten Räume für Feste und kleine oder große Feiern – mit kompletter Ausstattung und mit gastronomischem Angebot oder ohne. Auch in einem Restaurant können Sie sehr gut ein Event ausrichten: Oft gibt es extra Räume, die man reservieren kann, teilweise mit der Bedingung, dass ein Mindestverzehr pro Kopf bezahlt werden muss. Wenn es Ihnen angenehmer ist, solch einen öffentlichen Ort für Ihr Event zu mieten, beispielsweise weil Sie viele Gäste erwarten, Ihre Wohnung zu klein ist oder Sie einen Teil der Gäste nicht unbedingt in Ihren privaten Räumen begrüßen wollen, dann haben Sie keine Scheu, und tun Sie es. Eine Location zu mieten, muss keineswegs unpersönlich wirken. Mit individueller Tischdeko, einem Signature Drink oder selbst gestalteten Menükarten können Sie auch dort Ihre Handschrift als Gastgeber/-in zeigen. Die Vorteile liegen klar auf der Hand: Sie haben wesentlich weniger Aufwand bei der Planung, können sich gut um Ihre Gäste kümmern und sich selbst auch ganz entspannt zurücklehnen. Und das tut Ihnen und der Stimmung des Abends gut.

✦✦✦

Die Location eines Festes sollte immer zum Anlass passen. Sagen wir es so: Ein Dinner gibt man nicht in der Garage – bei einer Hausparty kann eine Garage in gutem Zustand aber durchaus die perfekte Bühne für eine durchtanzte Nacht sein. Auch andere recht unkonventionelle Orte können eine gute Bühne für Ihr Fest abgeben: ein Boot, das Sie anmieten, eine Scheune oder ein Ferienhaus auf dem Land, eine Karaokebar oder ein Beachclub. Denken Sie kreativ, und seien Sie bei Feiern im privaten Rahmen auch nicht zu streng mit sich: Auch wenn Sie selbst Ihre Wohnung zu klein oder nicht modern genug finden, fühlen sich Ihre Gäste dort sicher wohl. Und mit einigen kleinen Handgriffen, passender Deko und vor allem mit persönlichem Charme können Sie ganz viel erreichen!

Die Gästeliste

Die Gäste machen das Fest! Schreiben Sie vor allem bei größeren Einladungen immer in einem ersten Schritt auf, wen Sie alles dabeihaben möchten. Schon beim Anlegen dieser Liste bekommen Sie ein Gefühl dafür, ob die Zusammenstellung stimmig ist. Schlafen Sie mindestens eine Nacht darüber – und prüfen Sie noch einmal mit

„Manche sagen, man soll einen Joker einladen, der die Runde aufmischt. Ich setze eher auf Homogenität und überlege lange, wer harmoniert."

Edgardo Osorio
(Designer von Aquazzura)

klarem Blick, ob wirklich alle dabei sein sollen und ob Sie vielleicht noch jemanden vergessen haben. Wenn Sie diese Liste aktuell halten, können Sie darin später auch festhalten, wer zu- oder abgesagt hat oder wer eine Begleitung mitbringt – wenn es Tischkarten gibt, sollten Sie hier auch gleich die entsprechenden Namen notieren.

Ist der Platz begrenzt, Sie aber gern mehr Gäste dabeihaben möchten, dann können Sie zum Beispiel von einem Dinner auf einen eher lockeren Abend mit Buffet umschwenken. Aber auch wenn genug Platz ist, gilt bei der Gästeliste: "Weniger ist mehr." Eine ausgesuchte Gruppe angenehmer Menschen, die inspirierende Gesprächspartner sind, ist immer ein größerer Gewinn als zu viele, die sich vielleicht nicht wirklich viel zu sagen haben.

BUNTE - TIPP

Sie haben den Hut auf!

Sie dürfen bestimmen, wen Sie bei Ihrem Event dabeihaben möchten, und dabei sollten Sie keine Kompromisse machen. Vermeiden Sie Einladungen "aus Verlegenheit", weil jemand beleidigt sein könnte, wenn er oder sie nicht eingeladen ist – Sie sind der/die Gastgeber/-in, Sie sollen sich wohlfühlen.

Absagen gelassen nehmen

Kommunizieren Sie in der Einladung ganz klar, ob ein "Plus 1" erlaubt ist oder ob Sie beispielsweise bei einem "Sunday Brunch" Ihre Freundinnen gern mal ohne Partner/-innen treffen wollen. Ausnahmen können immer besprochen werden: Wenn beispielsweise ein Gast gerade Besuch hat und ihn nicht allein zu Hause lassen möchte, dann können Sie das auf Nachfrage natürlich zulassen – aber tun Sie es wirklich nur, wenn es Ihnen passt und den Rahmen Ihres Events nicht sprengt. Falsche Höflichkeit ist an dieser Stelle unangebracht. Gleichzeitig sollten Sie diese auch nicht von Ihren Gästen erwarten: Wenn jemand absagt, machen Sie sich nicht groß Gedanken darüber. Die unterschiedlichsten Gründe können eine Absage nötig machen, und auch wenn Sie das beste Fest des Jahres planen, das niemand verpassen sollte: Nehmen Sie es gelassen!

Sind Kinder erlaubt?

Auch ob bei einem sommerlichen Barbecue, das am frühen Abend startet, Kinder mitgebracht werden dürfen – oder eben nicht –, sollten Sie in der Einladung explizit benennen. Das erspart Ihren Gästen Nachfragen und Ihnen selbst vermeintlich unangenehme Überraschungen. Es ist völlig in Ordnung, wenn Sie als Gastgeber/-in solch einen Rahmen vorgeben: Wenn sie rechtzeitig Bescheid wissen, können Eltern einen Babysitter buchen und haben dann einen entspannten Abend.

Wenn Sie in Ihr privates Zuhause einladen, sollten Sie bei Kolleg/-innen oder Menschen aus dem beruflichen Umfeld abwägen, ob Sie mit ihnen auch freundschaftlich verbunden sind oder das anstreben: Wenn es auf einer professionellen Ebene bleiben soll, wählen Sie lieber einen öffentlichen Ort wie ein Restaurant als Location.

Die Einladung

Eine Einladung sollte Lust auf das Fest machen, ein paar persönliche Zeilen enthalten und alle wichtigen Eckdaten bekanntgeben: Wer lädt ein, wann und wohin? Wenn die Gäste keine ganz engen Freund/-innen sind, ist die Angabe einer genauen Adresse sowie einer Telefonnummer für Nachfragen hilfreich. Wenn die Location ungewöhnlich ist oder schwer zu finden, kann man eine kurze Erläuterung oder Wegbeschreibung beifügen.

Ein Dresscode ist im privaten Bereich eher nicht üblich – es sei denn, Sie feiern beispielsweise eine "All White Party" oder wünschen sich eine andere Gemeinsamkeit bei den Outfits. Die meisten Gäste freuen sich über die Angabe, ob es etwas zu essen gibt und wenn ja, ob es eher ein gesetztes Essen ist – zu dem man dann auch entsprechend pünktlich erscheint – oder ein lockeres Buffet. Wenn "Cocktails & Snacks" angegeben ist, weiß man als Gast, dass man mit einer guten Grundlage im Magen erscheinen sollte.

Dresscodes geben Sicherheit

Diese klassischen Begriffe wirken immer etwas ernst, sie geben aber auch Sicherheit: Wenn sie in einer Einladung stehen, weiß jeder, was gemeint ist – oder kann es nachschlagen. Eigene Bezeichnungen wie "lässig-elegant mit coolem Twist" oder Ähnliches können dagegen für Kopfzerbrechen sorgen – ersparen Sie das Ihren Gästen und Ihnen selbst die Nachfragen.

Wenn Sie möchten, dass Ihre Gäste sich in einer bestimmten Qualität kleiden, dann können Sie das in der Einladung klar angeben. Das schützt sie auch vor unschönen Überraschungen à la Bridget Jones, die im Häschenkostüm auf einer Party erscheint, die bei der Einladung an sie noch als Kostümparty ausgeschrieben war – und Bridget hat die Absage des Kostüm-Parts verpasst ... Sie selbst sollten übrigens immer mit gutem Beispiel vorangehen: Denken Sie daran, wie Heidi Klum sich auf ihrer jährlichen Halloweenparty immer besonders um ein möglichst einzigartiges Kostüm bemüht. Das ist keine Angeberei, sondern auch eine Wertschätzung gegenüber den Gästen.

BUNTE - TIPP

Wenn Sie doch Lust auf einen Dresscode haben, sind das die offiziellen Richtlinien:

CASUAL meint Alltagskleidung von etwas höherem Niveau – vor allem geeignet für informelle, private Einladungen wie ein Abendessen mit Freund/-innen oder einen Brunch am Wochenende. Sauber und ordentlich sollten die Klamotten selbstverständlich immer sein, schon aus Respekt den Gastgebenden gegenüber. Aber hier darf man tragen, was man auch sonst gern in seiner Freizeit anzieht.

SMART CASUAL ist etwas eleganter. Männer greifen hier am besten zu Hemd und Sakko, eine Jeans ist aber in der Regel erlaubt. Frauen können eine elegante Hose mit Bluse oder ein Kleid tragen. Der Anlass für diesen Dresscode ist eher informell, spielt sich aber in der Öffentlichkeit ab, zum Beispiel bei einem eleganten Business-Lunch, einer Eröffnung oder einer offiziellen Veranstaltung am Nachmittag.

COCKTAIL meint nicht nur das gleichnamige Kleid, hierfür ist es aber absolut gedacht: Frauen können ein Kleid tragen, das knielang ist oder bis zwischen Wade und Knöchel reicht. Ein Hosenanzug passt ebenfalls. Für Männer ist Anzug Pflicht – mit Krawatte.

BLACK TIE verspricht ein festliches Abendevent: Offizielle Empfänge oder eine Hochzeit schreiben diesen Dresscode aus, wenn dort die Frauen lange Abendkleider tragen und die Männer im schwarzen Anzug mit Krawatte oder im Smoking mit Fliege erscheinen sollen.

Badesachen für die Poolparty

Bei einem lockeren Abendessen braucht man nichts in der Einladung anzugeben. Wenn aber zusätzliche Utensilien und Accessoires gebraucht werden, sollte das auch im privaten Bereich kommuniziert werden: Bei einer Poolparty hilft beispielsweise der Hinweis, dass Badekleidung mitgebracht werden darf beziehungsweise sollte (plus bei Bedarf ein eigenes Handtuch). Dann wissen auch alle, dass sie baden gehen dürfen. Wenn Sie einen Pool haben und explizit nicht wollen, dass er während der Party genutzt wird, schreiben Sie das ebenfalls in die Einladung. Klarheit tut allen gut.

✦✦✦

Grundsätzlich empfiehlt es sich, zu einer Einladung eher overdressed als underdressed zu erscheinen. Auch als Gastgeber/-in. Und planen Sie ein Wechseloutfit ein, wenn Sie selbst hinter dem Herd stehen oder in den letzten Stunden vor dem Start noch hin- und herhetzen. Sie sollten dabei weder schon Ihr Abendoutfit tragen noch im Schlabber-Arbeitslook bleiben und Ihre Gäste begrüßen. Planen Sie unbedingt ausreichend Zeit ein, um sich frisch zu machen und ein passendes Outfit anzuziehen – vor allem, damit Sie sich an Ihrem großen Abend in Ihrer Haut und Kleidung wohlfühlen.

Auf Papier oder digital?

Die wohl wichtigste Frage ist: Soll die Einladung auf Papier verschickt werden oder digital? Dafür gibt es keine festen Regeln. Selbst zu einer Hochzeit, bei der man klassischerweise eine aufwendig gestaltete Einladung auf Papier schickt, laden viele Paare heute digital ein – beispielsweise mit einer Mail mit der Karte in PDF-Form im Anhang. Das ist durchaus erlaubt, spart Druckkosten und Porto. Zudem fällt es den Eingeladenen leichter, direkt und schnell zu antworten, ob sie dabei sein können.

Es gibt digitale Anbieter, mit denen man schöne Grußkarten per Mail verschicken kann, zum Beispiel das Unternehmen Paperless Post aus den USA, das sehr ästhetische Vorlagen anbietet und Kollektionen in Zusammenarbeit mit bekannten Modedesigner/-innen wie Kate Spade oder Oscar de la Renta entwirft. Das deutsche Unternehmen eCARDILLY hat sich beispielsweise auf Karten spezialisiert, die für den Handybildschirm optimiert sind.

Karten drucken lassen

Wer den Aufwand nicht scheut, eine schriftliche Einladung per Post zu schicken, kann zu Karten aus Papier greifen und sie per Hand schreiben – das ist besonders persönlich. Es gibt aber auch viele Möglichkeiten, online eine Einladung zu gestalten und sie dann drucken zu lassen. Planen Sie hier entsprechend Vorlauf ein: Es dauert ein paar Tage oder bei hochwertigen Produkten auch deutlich länger, bis das Druckwerk fertiggestellt und zu Ihnen geliefert wird. Dann müssen Sie noch die Umschläge beschriften und alles auf den Weg bringen – die Zeit dafür sollte einfach berücksichtigt werden. Bei einer Einladung per Post ist es besonders wichtig, klar zu kommunizieren, wie die Gäste zu- oder absagen sollen. Gegebenenfalls können Sie eine Antwortkarte zum Ankreuzen beilegen – mit einem Termin für die gewünschte Rückmeldung.

PROMITIPP

Menü- und Platzkarten gibt **Edgardo Osorio** bei Kalligrafin Laura Mazzetti aus der Toskana in Auftrag – mit der Ananas, seiner Lieblingsfrucht und Logo seines Schuhlabels Aquazzura. So erzählt er es BUNTE Genuss & Stil.

Auch eine Einladung per WhatsApp, bei der man nur die Eckdaten in einem Text verschickt, ist im privaten Rahmen heutzutage völlig in Ordnung. Achten Sie darauf, dass Sie bei dieser Form besonders klar formulieren und eine charmante Nachricht mit allen wichtigen Facts zusammenstellen. Wenn Gäste per WhatsApp eingeladen wurden, dürfen Sie sich auch gern nach der Party auf diesem Weg für den schönen Abend bedanken.

Die Dekoration

Die Liebe und Mühe, die ein/-e Gastgeber/-in in ein Event steckt, spürt man an vielen Details. Eines davon ist die Dekoration. Diese kann die Stimmung einer Location und eines Festes maßgeblich beeinflussen. Um jedoch eines gleich vorwegzunehmen: Beim Thema Dekoration gilt mehr denn je: "Alles kann, nichts muss!" Machen Sie sich nicht zu viele Gedanken darüber und auch nicht zu viel Arbeit damit, eine Location optisch zu gestalten – es sei denn, Sie haben großen Spaß daran und das passende Budget! Die Optik der Location entscheidet nicht darüber, ob ein Abend gut wird. Engagieren Sie sich nur dann für das Thema Deko, wenn es Ihnen keinen Stress, sondern Freude macht.

Auf angenehme Materialien setzen

Überlegen Sie selbst: Wann fühlen Sie sich in einem Raum besonders wohl? Wahrscheinlich dann, wenn er stimmig gestaltet ist. So wie es guttut, wenn ein Zimmer mit angenehmen Farben, Stoffen und Accessoires gestaltet ist, die miteinander harmonieren, so wirkt auch ein einheitlich gedeckter Tisch mit schönem Geschirr, passenden Servietten und Gläsern besonders einladend und spiegelt wider, dass der/die Gastgeber/-in sich besondere Mühe gegeben hat und seinen/ihren Gästen Wertschätzung schenkt.

Außerdem kennen wir es alle: Ein Geburtstagskuchen mit Kerzen versetzt einen sofort in Feierstimmung, genau wie Konfetti, Ballons und Girlanden an Silvester. Deshalb ist es immer eine gute Idee, für eine Feier etwas "dicker aufzutragen" als im Alltag. Und das darf auch ganz simpel ausfallen - ein Konzept für das Thema Deko ist wichtiger, als dass man alles bis in die letzte Ecke aufwendig durchstylt.

Moodboard für Inspirationen anlegen

Überlegen Sie, was Ihnen selbst gefällt, welche Dinge Sie bereits im Haus haben, was Sie vielleicht günstig kaufen oder – ganz im Sinne der Nachhaltigkeit – bei Nachbar/-innen, Freund/-innen oder Services leihen können. Wenn Sie eine bestimmte Stimmung oder ein Motto im Kopf haben, können Sie sich daran gut orientieren. Erstellen Sie gegebenenfalls ein Moodboard, auf dem Sie Inspirationen sammeln, die Ihnen gefallen. Dann sehen Sie zum Beispiel auch, welche Farben einen etwa direkt an die "Swinging Sixties" (Orange, Lila, Braun!) oder die "Goldenen Zwanziger" (kräftiges Rot, Beige, Gold und Ultramarinblau!) denken lassen. Wenn Sie sich auf ein Farbkonzept festgelegt haben, können Sie gezielt nach passenden Teilen in diesen Tönen suchen. Farbakzente kann man beispielsweise besonders schnell und günstig mit Servietten, Girlanden oder Blumen setzen.

✦✦✦

Wenn Sie etwa für ein Sommer-Barbecue das Thema "California Beach Party" im Kopf haben, dann sind unter anderem Orange, Petrol, Weiß und Meeresblau eine gute Wahl. Und vielleicht haben Sie passende Kissen schon im Wohnzimmer und können sie an diesem besonderen Tag nach draußen in den Garten holen? Oder Sie finden noch einen aufblasbaren Flamingo? Und vielleicht haben Sie selbst oder ein/-e Freund/-in ein echtes Surfbrett im Keller? Solche großen oder ungewöhnlichen Objekte sind echte Hingucker und auch Eisbrecher: Die Gäste werden das Brett bestaunen und sicher schnell von ihren besten Urlauben und Wellen schwärmen. Seien Sie bei diesen Dingen mutig – es darf durchaus etwas exzentrisch zugehen! Die Bilder von Bianca Jagger, wie sie zu ihrem 32. Geburtstag auf einem weißen Pferd in den New Yorker Club Studio 54 geritten kam, gingen nicht umsonst um die Welt ...

Franziska von Hardenberg mag es, wenn Farbharmonie herrscht. Wenn sich das Blau der Gläser in der Tischdecke oder in den Blumen widerspiegelt. Das gibt dem Ganzen einen modernen, festlichen Rahmen, den früher vielleicht das 66-teilige Meissener Porzellan gesetzt hat. "Heute gibt es diese Konventionen nicht mehr. Es müssen keine gebügelten Servietten gereicht oder Einladungen auf Büttenpapier verschickt werden. Obwohl man seine Gäste mit persönlich gestalteten Platzkarten immer noch begeistert. Aber vom Ikea-Geschirr kann es genauso gut schmecken wie vom KPM-Teller", sagt die Unternehmerin gegenüber BUNTE Genuss & Stil. Nichtsdestotrotz gelte auch hier, dass ein schönes Tischsetting immer ein harmonisches ist – also nutzen Sie entweder zehn gleiche Teller oder zehn verschiedene: "Ich finde auch alte Kristallgläser in vielen Farben toll. Man sollte nur versuchen, pro Kategorie Gläser, Teller und Besteck immer ein Set zu haben. Sonst wirkt es schnell wie Studentenbude."

Sissi von Hardenberg (Schmuckdesignerin, Unternehmerin)

BUNTE - TIPP

In jeder größeren Stadt gibt es **Services**, die Dekoartikel und die komplette Ausstattung von Festen – vom Stuhl bis zur Gabel – verleihen. Viele versenden auch Artikel, zum Beispiel:

www.dekoanddesign.de

www.verleihunddekoration.de

www.tischleindeckdich.de

Dekoration auf dem Teller

Nicht nur die Dekoration der Location und des Tisches ist ein Thema, dem Sie sich als Gastgeber/-in widmen sollten, sondern auch die Dekoration der Speisen auf den Tellern oder in den Schüsseln ist den ein oder anderen Gedanken und etwas Planung wert. Setzen Sie kleine "kulinarische Accessoires" auf Ihre Einkaufsliste, zum Beispiel essbare Blüten, Kräuter oder auch Gewürze wie rosa Beeren. Damit können Sie bei den einzelnen Gerichten oder Gängen spielen und ihnen ein schönes Finish geben.

Bei einem Teller sollten Sie immer darauf achten, dass Sie nicht zu viel darauf geben. Wählen Sie eher große Teller und kleine Mengen, denn das sieht besonders edel aus. Außerdem bleibt dann noch Platz für etwas Dekoration. Spielen Sie mit der Positionierung des Essens: Statt alles in der Mitte eng nebeneinanderzulegen, können Sie die Gruppe an Speisen leicht in Richtung des Randes versetzen – und den Rest des Tellers bewusst frei lassen oder dort noch eine Kleinigkeit arrangieren, zum Beispiel eine Frucht, eine Nuss oder einen Klecks Mousse.

Kleiner Trick mit großer Wirkung

Wenn es eine Soße gibt, können Sie diese mit einer Squeeze-Flasche sehr elegant aufbringen. Diese Flaschen sind aus flexiblem Kunststoff und mit einer schmalen Tülle versehen, es gibt sie günstig im Fachhandel oder online zu kaufen. Je nachdem wie stark man die Tülle anschneidet, desto mehr oder weniger Flüssigkeit tritt aus. So können Sie beispielsweise die Soße zum Fleisch fein dosieren und damit eine abgerundete Zickzacklinie auf den Teller bringen. Ein kleiner Trick mit großer Wirkung, der auch sehr gut mit süßen Soßen beim Dessert oder als Akzent bei der Vorspeise funktioniert. Farbige Gewürze wie Curry sind mit ihrer pudrigen Konsistenz auch super als Deko geeignet, der Geschmack sollte nur unbedingt zum Gericht passen.

„Zu besonderen Anlässen decke ich mit dem besonderen Geschirr von Hutschenreuther in Gelb-Blau ein. Das habe ich von meinem verstorbenen Vater geschenkt bekommen, sicherlich schon vor 25 Jahren. Das ist für mich eine besondere Erinnerung und hat außerdem Tradition. Dazu kommen dann natürlich auch besondere Gläser auf den Tisch. Da achte ich dann sehr drauf. Genauso auf die gefalteten Servietten und die Blumen in allen Variationen, ob auf dem Tisch oder in Töpfen im Garten."

Franziska Knuppe (Model, Moderatorin, Schauspielerin)

„Mein Vater pflegte stets zu sagen: 'Lilly, als Gast bist du die Dekoration der Party. Du musst bei Garderobe und Entertainment dein Bestes geben.'"

Lilly zu Sayn-Wittgenstein (Prinzessin, Unternehmerin)

✦✦✦

Sättigungsbeilagen wie Kartoffelbrei, Reis oder Linsen können Sie ganz einfach als halbe Kugel in Form bringen: Füllen Sie sie in eine Kelle, und stürzen Sie diese wie eine Puddingform. Alternativ gibt es Dessertringe, in die Sie diese Speisen einfüllen können: einfach etwas festdrücken und den Ring vorsichtig entfernen – schon steht da ein kleines rundes Reistürmchen auf dem Teller, auf das Sie noch etwas obendrauf geben können.

Minze, Nüsse und Feigen

Bei einem Buffet können Sie ebenfalls kreativ werden: Dort sieht es schön aus, wenn Sie das Essen in Schüsseln und auf Platten am Ende beispielsweise noch mit ein paar Zweigen Rosmarin oder Minze dekorieren. Auch Erdbeeren, Johannisbeeren oder aufgeschnittene Passionsfrüchte sind eine tolle Ergänzung – mischen Sie ruhig herzhaft und süß. Nüsse eignen sich ebenfalls toll als Zugabe, zum Beispiel Walnüsse, Mandeln oder Pinienkerne. Bei der Deko gilt wie so oft: Weniger ist mehr. Aber manchmal hat auch eine gewisse Üppigkeit einen tollen Effekt, zum Beispiel wenn Sie eine ausladende Rebe Weintrauben auf einen Teller mit großen Käsestücken legen. Wenn Sie noch aufgeschnittene Feigen dazulegen und Honig darüberträufeln, wirkt das extraedel und lecker – und auf angenehme Weise dekadent.

Egal ob auf dem Teller oder in der Schüssel: Die Dekoration sollte unbedingt immer essbar sein. Das ist eine wichtige Grundregel für alles Kulinarische, das man Gästen serviert. Und sie sollte zu den Speisen passen, sowohl vom Geschmack als auch vom Aussehen her. Experimentieren Sie jedoch ruhig ein wenig. Schauen Sie, was Sie beim Einkauf Passendes finden, und entscheiden Sie aus dem Bauch heraus, wie Sie es nutzen.

> “Ich weiß, dass viele ein bisschen Angst davor haben, dass irgendetwas zu viel sein könnte. Zu dekoriert, zu gestylt, zu aufwendig. Aber wenn ich etwas in den letzten Jahren gelernt habe, dann, dass es gar kein Zuviel geben kann, wenn es darum geht, freundlich zu sein, etwas Schönes für andere zu machen, Freude zu schenken.”

Sissi von Hardenberg (Schmuckdesignerin, Unternehmerin)

Ein schöner Frühlingstisch

Wenn Sie einen Frühlingstisch gestalten, dann können Sie sich beispielsweise vom Landhausstil inspirieren lassen: Der Country-Look darf romantisch sein, zum Beispiel mit Geschirr in Farben wie sanftem Rosé und zartem Hellblau zu bernsteinfarbenen Gläsern auf dem rauen Holz des Tisches. Viele Blumen passen gut dazu: Drapieren Sie mehrere kleine Bouquets in passenden Vasen über den Tisch. Nehmen Sie Blütenblätter, und streuen Sie sie in die Lücken. Auch schöne Windlichter passen dazu und machen ein stimmungsvolles Licht.

Sehr schön ist auch eine Mischung aus "Country" und "Orient": Bunte Gläser mit Relief und orientalische Laternen passen zu saisonalen Sträußen im eher wilden Stil. Wo schon so viel passiert, darf sich das Geschirr dezent zurückhalten, es passen beispielsweise schlichte weiße Teller sehr gut.

Ein Tisch im mediterranen Stil erinnert an die Weiten der Provence bis zu den Weinbergen der Toskana. Rustikale Materialien wie Rattan, Stroh und Holz sowie kräftige Farben spiegeln das stimmungsvolle Ambiente des Mittelmeerraums. Sehr schön ist ein Tischtuch aus natürlichem Leinen dazu.

Ein Frühlingsbrunch

Im Frühling ist es besonders schön, die ersten sonnigeren Tage für ein ausgedehntes gemeinsames Frühstück zu nutzen. Zu einem Brunch einzuladen, ist eine tolle Gelegenheit, ganz in Ruhe zu essen und dabei viele leckere Kleinigkeiten zu genießen. Die Ruhe ist entscheidend: Am schönsten ist es, wenn alle Gäste Zeit mitbringen und man sich in entspannter Atmosphäre austauschen kann.

Dinkel-Gemüse-Tarte

Vor-/Zubereitungszeit: ca. 70 Minuten
plus Wartezeit: ca. 60 Minuten

Zutaten für 4 Portionen

- Zutaten für 1 Tarte (Ø 24–26 cm).
- Ergibt ca. 16 Stücke
- 2 Zweige Rosmarin
- 100 g weiche Butter und Fett für die Form
- 4 Eier (Größe M)
- 170 g Dinkelmehl (Type 630)
- 1 TL Backpulver
- 30 g geriebener Parmesan
- 1 Zucchini (ca. 220 g)
- 2 dicke Möhren
- 2 Zwiebeln
- 2 Knoblauchzehen
- 2 EL Olivenöl, Salz Pfeffer
- 400 g Frischkäse
- 80 g geriebener Gouda
- frisch geriebene Muskatnuss

1 Rosmarinnadeln abstreifen, fein hacken. In einer Pfanne in 30 g Butter kurz andünsten. 1 Ei trennen. Mehl mit Backpulver, Parmesan, 1 Prise Salz, übriger Butter (70 g), Rosmarinbutter und 1 Eigelb zu einem glatten Teig kneten. Teig in Folie gewickelt für ca. 60 Minuten kühl stellen.

2 Zucchini und Möhren waschen. Möhren schälen. Mit dem Sparschäler von Zucchini und Möhren lange, breite Streifen abziehen. Gemüsestreifen in kochendem Salzwasser 2 Minuten blanchieren. In kaltes Wasser legen, dann in einem Sieb abtropfen lassen.

3 Zwiebeln und Knoblauch abziehen, klein würfeln. In Öl glasig dünsten, abkühlen lassen. Zwiebel-Mix mit übrigem Eiweiß, übrigen 3 Eiern, Frischkäse und Gouda verrühren. Mit Salz, Pfeffer und Muskat kräftig würzen.

4 Backofen auf 180 Grad (Umluft: 160 Grad) vorheizen. Form fetten, mit Teig auskleiden. Käsecreme darauf verteilen. Die Gemüsestreifen - evtl. aufeinandergelegt - einrollen und in die Creme stecken. Tarte auf unterster Schiene ca. 35 Minuten backen.

Tisch Landhausstil

Tisch Orient/Country

Tisch Mediterran

✦✦✦

Beim Brunch wird meist ein kleines Buffet mit verschiedenen Speisen aufgebaut, die sowohl aus der Kategorie "Frühstück" ("Breakfast") stammen können als auch aus der "Lunch"("Mittagessen")-Karte – denn diese beiden Mahlzeiten vereint der Begriff in einem Wort. Essentials sind Brötchen mit verschiedenen Aufstrichen und Belägen, sowohl süße Marmelade und Honig als auch herzhafte Varianten. Müsli mit Milch oder Joghurt passt ebenfalls gut, Kräuterquark, Obstsalat, Quiche, Suppe, feiner Käse und Schinken.

Auch Lachs ist toll, gebeizter oder geräucherter, mit feinem Meerrettich. Und Eierspeisen sind beliebt: Hier können Sie zum Beispiel verschiedene Zutaten für Rührei wie Tomatenwürfel und Frühlingszwiebelringe vorher schneiden und in Schalen bereitstellen. Dann können die Gäste individuell auswählen, was sie am liebsten mögen, und das Ei wird frisch für sie zubereitet. Das bedeutet etwas mehr Aufwand, der sich aber lohnt. Ansonsten sollten Sie darauf achten, dass möglichst viele kalte Speisen auf das Buffet kommen, weil Sie es nicht schaffen werden, viel live zuzubereiten.

Als Getränke sind Kaffee und Tee sowie Mineralwasser die Basis, frisch gepresster Orangensaft oder Grapefruitsaft sind toll, und auch Smoothies oder Shakes passen sehr gut. Zum Anstoßen sollten Sie Sekt, Crémant oder Champagner bereithalten.

Bei der Vorbereitung eines Brunches ist das Zeitmanagement eine Herausforderung: Am Morgen selbst schaffen Sie nicht allzu viel, Sie sollten daher möglichst viel am Vorabend vorbereiten und bereitstellen. Es ist toll, wenn Sie Brötchen oder Brot selbst backen können und das gern machen. Es bedeutet oftmals auch gar nicht so viel Aufwand – aber schauen Sie, was zu dieser Tageszeit wirklich machbar ist und auch was es für ein schönes Fest braucht. Nutzen Sie lieber die Kompetenz Ihrer Lieblingsbäckerei, als sich zu übernehmen!

Amarant-Müsli auf Kaffeejoghurt

Vor-/Zubereitungszeit: ca. 45 Minuten

Zutaten für 4 Portionen

- 200 g Amarant (siehe unten)
- 120 g Haferflocken
- 30 g Sonnenblumenkerne
- 60 g getrocknete Physalis (ersatzweise getrocknete Cranberrys)
- 60 g getrocknete Sauerkirschen
- 250 g Erdbeeren (oder andere Saisonfrüchte)
- 150 g griechischer Joghurt
- 1 Espresso (30–50 ml)
- evtl. etwas Minze zum Garnieren

1 Amarant in sehr feinem Sieb heiß abbrausen, dann im Topf in 600 ml Wasser aufkochen. Hitze reduzieren und Amarant etwa 20 Minuten köcheln lassen. Überschüssiges Wasser abgießen und Amarant abkühlen lassen.

2 Amarant, Haferflocken, Sonnenblumenkerne in beschichteter Pfanne ohne Öl bei kleiner Hitze unter Rühren 10 Minuten rösten. Trockenfrüchte zugeben, kurz mitrösten. Alles abkühlen lassen.

3 Erdbeeren waschen und klein schneiden. Joghurt und Espresso verrühren. Amarant-Müsli mit Kaffeejoghurt, Erdbeeren und evtl. Minze servieren.

Info

Amarant zählt zu den Pseudogetreiden und ist glutenfrei. Die Körnchen sollte man vor dem Kochen heiß waschen, um Bitterstoffe zu entfernen.

Gefülltes Kräuteromelett

Vor-/Zubereitungszeit: ca. 40 Minuten

Zutaten für 2 Portionen

- 250 g Zucchini
- 150 g Radicchio
- 150 g Zwiebeln
- ca. 150 g Provolone (milder italienischer Käse; ersatzweise jungen Gouda oder Raclettekäse verwenden)
- 1 EL Olivenöl
- Salz, Pfeffer
- 6 Eier (Größe M)
- jeweils ½ kleines Bund Kerbel, Basilikum sowie Petersilie
- je 1–2 EL Rapsöl und Butter

1 Zucchini waschen, putzen und in ca. 3 cm große Würfel schneiden. Den Radicchio waschen und trocken schütteln. Radicchio in mundgerechte Stücke zupfen oder schneiden. Zwiebeln abziehen, in Streifen schneiden. Käse grob raspeln.

2 Olivenöl in einer Pfanne erhitzen, Zucchini und Zwiebeln darin goldbraun rösten. Pfanne vom Herd ziehen, den Radicchio unter die Zucchini mischen und das Gemüse mit Salz und Pfeffer würzen.

3 Eier in einer Schüssel aufschlagen. Kräuterblättchen abzupfen. Etwa die Hälfte der Kräuter zusammen mit den Eiern pürieren bzw. mixen oder kräftig miteinander verquirlen. Masse salzen, pfeffern. Rapsöl und Butter in 2 kleineren beschichteten Pfannen erhitzen, die Ei-Kräuter-Masse darauf verteilen und leicht stocken lassen.

4 Zucchinigemüse sowie Käse auf jeweils einer Omeletthälfte verteilen. Die freien Omeletthälften über die Gemüsemischung klappen (geht am besten mit einem Pfannenwender). Omeletts mit den restlichen Kräuterblättern garnieren und servieren.

Tipp

Wer Oliven mag, der schneidet noch ein paar entsteinte grüne Oliven klein und mischt sie zusammen mit dem Radicchio unter die Zucchini. Auch ein paar Paprikastreifen oder Artischockenherzen passen gut dazu.

BUNTE - TIPP

Originelle Abwandlung: Brinner!

Wer sowohl süße Frühstücksmahlzeiten als auch herzhafte Dinner-Spezialitäten mag, für den gibt es mit Brinner die perfekte Fusion: Die Verschmelzung aus Breakfast und Dinner bringt Pancakes, Müsli oder Waffeln mit herzhaften Zutaten zusammen. So werden die Pancakes mit Würstchen oder Speck gebacken oder belegt, Waffeln mit Schmand und Lachs serviert oder gar Omeletts mit Schokolade kombiniert. Die Tageszeit, zu der solche innovativen Snacks auf den Tisch kommen, kann man frei wählen: Ein Brinner ermöglicht allen, die wenig Zeit zum Frühstücken haben, beispielsweise auch unter der Woche am Abend typische Speisen vom Morgen zu genießen. Wenn Sie jemanden kennen, der großer Frühstücksfan ist, dann können Sie ihm oder ihr damit sicher eine große Freude machen, ein Brinner auszurichten. Oder Sie tischen Brinner-Gerichte bei einem Brunch auf und bringen damit dort noch mehr Abwechslung rein!

Entspannt bleiben

Je gelassener der oder die Gastgeber/-in ist, desto mehr Spaß haben die Gäste – diese Faustregel sollten Sie sich zu Herzen nehmen und die Planung Ihres Events möglichst entspannt und auch durchdacht angehen. Denn das hilft vor allem auch Ihnen selbst, den Abend wirklich bewusst wahrzunehmen und nicht nur Zaungast Ihrer eigenen Party zu sein.

Was schaffe ich?

Um das zu schaffen, sollten Sie von Anfang an ganz ehrlich zu sich sein: Schaffen Sie es, allein ein komplettes Menü für ein Dutzend Gäste zu kochen und trotzdem noch mit am Tisch zu sitzen? Wenn nicht, dann entscheiden Sie sich lieber für ein Buffet, holen Sie sich Hilfe an die Seite, oder engagieren Sie eine/-n Mietkoch/-öchin. Und wenn Sie kein großes Buffet selbst machen und auch nicht selbst kochen wollen, gibt es viele Möglichkeiten, kalte Speisen anzubieten: Über eine simple Brotzeit mit Wurst, Käse und Oliven zum Beispiel freuen sich fast alle. Wenn Sie alles schön anrichten, ein besonderes Geschirr auswählen und mit kleinen Details wie Früchten dekorieren, dann können auch ganz simple Dinge hochwertig wirken – die Wertschätzung, mit der etwas zusammengestellt wird, spüren die Gäste in jedem Fall. Außerdem werden die wenigsten Menschen nur wegen des Essens auf eine Party gehen, es zählt immer noch die soziale Interaktion.

✦✦✦

Bleiben Sie ruhig, wenn Ihr neuer Parkettboden plattgetanzt wird? Wenn es Sie nervös macht, laden Sie lieber nicht explizit zu einer Party, sondern eher zu einem ruhigen Abend ein – und drehen Sie die Musik nicht zu laut auf. Denn wo coole Musik läuft und die Stimmung gut ist, wird getanzt, oder es geht auch mal rauer zu. Sie wollen dann sicher weder ein Spielverderber sein noch im Stillen leiden, während Ihre geliebten Holzdielen Schaden nehmen.

Die Gästeliste ist ellenlang, aber eigentlich wissen Sie, dass es Sie stresst, wenn Sie an einem Abend nicht mit allen Anwesenden wenigstens kurz schnacken können? Dann fassen Sie sich ein Herz, reduzieren Sie mit kühlem Kopf die Liste um die Menschen, die nicht unbedingt dabei sein müssen – und freuen Sie sich auf ein Event mit guten Gesprächen, bei dem keiner zu kurz kommt. Diejenigen, die diesmal nicht dabei sind, können Sie bei Gelegenheit ja immer noch einzeln treffen oder zu einer späteren, vielleicht größeren Feier einladen.

Was auch hilft, um entspannt zu bleiben: Schrauben Sie die eigenen Ansprüche nicht zu hoch! Sie sind kein/-e Sternekoch/-öchin, und das erwarten die Gäste auch nicht. Viel wichtiger ist es, dass die Stimmung gut ist. Wenn Sie etwas zu essen anbieten wollen, dann reicht es völlig aus, wenn es lecker ist – hier müssen keine Gastrokritiker beeindruckt werden. Eine gute Pasta kann allen einen herrlichen Abend bescheren, und Sie als Gastgeber/-in können das Gericht so schnell auf den Teller bringen, dass Zeit für die wirklich wichtigen Dinge bleibt.

Sollten tatsächlich Gäste Beschwerden äußern, dann zeigt das im privaten Rahmen wohl eher, dass diese an ihren Manieren arbeiten sollten. Sie selbst sollten sich als Gastgeber/-in jedenfalls deshalb nicht minder gut fühlen – und allenfalls wirklich konstruktive Vorschläge aufnehmen.

BUNTE - TIPP

Ulrich Dahlmann betreibt in München einen Cateringservice auf Sterne-Niveau, mit dem er 10 bis 4.500 Personen mit ausgezeichneter Küche versorgen kann. Seine Tipps, um ein privates Dinner ebenso glamourös wie lässig zu inszenieren:

1. Wie viele Gäste Sie einladen, hängt von der Art Ihres Events und der häuslichen Umgebung ab. Ein gesetztes Essen für zehn Personen ist allein zu stemmen. Bei mehr Menschen sollte man mindestens eine helfende Hand organisieren – oder einen Caterer buchen.

2. Anti-Stress-Formel: 70 Prozent vorbereiten! Damit Sie nicht permanent in der Küche stehen müssen, sollten etwa 70 Prozent aller Gerichte bereits am Vortag beziehungsweise am Tag der Einladung fertigzustellen sein. Das klappt wunderbar beim Dessert (zum Beispiel Pannacotta mit Beerenspiegel) und bei Schmorgerichten wie Boeuf bourguignon oder Coq au Vin. Für alles andere gilt: Mise en Place, das heißt, dass man alle Utensilien und alle Zutaten (geschält, gehackt, geschnipselt, gerieben, gepresst) fertig zur Hand hat.

3. Nicht alles selbst machen! Eine Einladung zum Essen ist keine Leistungsschau. Kaufen Sie Dinge fertig, die Sie nicht oder nur mit großem Aufwand selbst machen können, also Brot, gesalzene Butter, Jus, gebeizten Fisch. Vorspeisentipp: gebeizter Saibling – Seite an Seite mit Burrata und Tomaten, Guacamole, Spargelsalat und eingelegten Garnelen.

4. Zum Wohl: Die Zutaten für den Aperitif, einen leichten Weißwein (elf bis zwölf Prozent, keine Cuvées, kein Barrique) oder Rosé, nicht allzu schweren Rotwein, Mineralwasser mit und ohne Kohlensäure, Kaffee/Espresso rechtzeitig und in großzügigen Mengen besorgen. Und unbedingt genug Eiswürfel! Schöne Idee: im Wohnzimmer auf einem kleinen Tisch eine Bar aufbauen, mit Gin und Wodka, Tonic, Zitronen- und Gurkenscheiben, einem Eimer mit Eis. Und zwei bis drei Digestifs. Da dürfen sich die Gäste vor oder nach dem Essen selbst bedienen.

Erdbeerbowle

1 1 kg Erdbeeren waschen, putzen, vierteln und mit 100 g Puderzucker vermengen, in ein großes Gefäß geben und mit 1 Liter trockenem Weißwein aufgießen. Einige Stunden bei Zimmertemperatur ziehen lassen.

2 2 Stiele Minze: Blätter abzupfen, waschen und klein hacken oder schneiden. In die Bowle geben und kurz vor dem Servieren mit 1 weiteren Liter trockenem Weißwein sowie 1,5 Liter trockenem, kalten Sekt aufgießen.

3 Zum Schluss 2–3 Scheiben Blutorange in den fertigen Drink geben.

> Damit die Stimmung von Anfang an gelöst ist, empfiehlt Sissi von Hardenberg gegenüber BUNTE Genuss & Stil einen Gimlet zum Aperitif – Gin mit Limettensaft auf Eis: "Dieser Drink macht instant fröhlich! Oder Champagner, der geht immer."

Sissi von Hardenberg (Schmuckdesignerin, Unternehmerin)

Planung wirkt entspannend

Auch bei bester Planung geht es rund um ein Fest immer irgendwann mal hektisch zu. Etwa wenn alle Gäste fast gleichzeitig erscheinen, geherzt, gedrückt und begrüßt werden wollen – und noch Blumen in der Hand haben, die schnell eine Vase brauchen. Für Sie als Gastgeber/-in ist das eine Phase Ihres Festes, bei der Sie vor lauter Lächeln, Umarmen und "Schön, dass ihr da seid!" kaum noch zum Atmen kommen, vor allem wenn alle pünktlich sind und beinahe zeitgleich eintreffen. Man kann diese "Engpässe" kaum vermeiden, aber man kann sie entstressen. Das sollten Sie vor allem tun, damit Sie selbst nicht schon zu Beginn des Abends völlig fertig sind und einfach mehr Zeit zum Feiern und Spaß haben. Und auch im weiteren Verlauf ist es wichtig, dass Sie mit der passenden Stimmung, aber auch mit konkreter Hilfe durch den Abend gehen. Als Gastgeber/-in sind Sie in der Regel Ansprechpartner/-in Nummer eins für alle Bedürfnisse der Gäste. Doch wenn Sie ständig nach Dingen gefragt werden, irgendetwas holen oder auffüllen müssen, ist das schnell sehr anstrengend. Deshalb lohnt sich eine gute Planung! Sie ist kein Zeichen von Kontrollwahn, sondern genau das Gegenteil: Sie wirkt entspannend und zeigt, dass Sie mit Ihren eigenen Kräften gut haushalten.

✦✦✦

Um gut zu planen, sollte man gründlich durchdenken, was es alles vorzubereiten gibt. Sie sollten sich dazu auf jeden Fall vorab alle Abläufe rechtzeitig vor dem Event einmal durch den Kopf gehen lassen und überlegen, wo entsprechende Vorkehrungen getroffen werden können, die Aufgaben für Sie während des Events selbst vermeiden. Das hängt in der Regel auch von den Gegebenheiten vor Ort sowie der Jahreszeit ab: Im Winter ist zum Beispiel klar, dass die Gäste mit dicken Jacken, Schals und

Mützen eintreffen, und so können Sie dann zum Beispiel Ihre Garderobe leer räumen, damit dort alle Mäntel Platz finden, statt auf einem großen Stapel den Flur zu verstopfen. Das erspart auch das Chaos beim Nachhausegehen, wenn alle im großen Kleiderberg wühlen und ihre eigenen Teile nicht wiederfinden. Sie können auch eine zusätzliche Kleiderstange mit Kleiderbügeln aufstellen – das macht es für alle leichter.

✦✦✦

Egal zu welcher Jahreszeit: Denken Sie auch an einen Platz etwas abseits, an dem gegebenenfalls Handtaschen abgestellt werden können.

Sie können auch schon einige Vasen aus dem Schrank holen und idealerweise vorab mit Wasser füllen. Wenn Sie Sträuße geschenkt bekommen, dann bleibt Ihnen durch diesen kleinen Handgriff vorab nun mehr Zeit, um sich um die Gäste zu kümmern.

Wenn Sie das Rauchen erlauben, zum Beispiel auf dem Balkon, denken Sie an zwei, drei Aschenbecher. Bringen Sie vor dem Fest auch durchaus noch einmal den Müll runter, damit im Mülleimer genug Platz für Abfälle des Abends ist.

Alles vorher bereitstellen

Sorgen Sie dafür, dass alles, was die Gäste benötigen, leicht zugänglich ist, wie etwa Gläser, Teller, Besteck oder Servietten, Milch und Zucker für den Kaffee oder Pfeffer und Salz. Stellen Sie reichlich Getränke bereit. Dann müssen Sie während des Abends nur ab und zu ein Auge darauf haben. Oder delegieren Sie! Bei einer größeren Party können Sie beispielsweise zwei, drei enge Freund/-innen unter den Gästen um Unterstützung bitten: Wenn Sie sich von ihnen wünschen, dass diese mit ein Auge darauf haben, dass immer genug Getränke im Kühlschrank nachgefüllt werden, helfen sie sicher gern. Als Erweiterung des Kühlschrankes können Sie zum Kühlen von Getränken eine Wanne mit Eis füllen und an einem wasserfesten Ort platzieren (in der Spüle, im Badezimmer, auf der Terrasse). Eiswürfel gibt es in gut sortierten Supermärkten oder an vielen Tankstellen zu kaufen.

Personal engagieren

Alternativ können Sie in Personal investieren, das Getränke serviert und den Vorrat organisiert, zwischendurch verwaiste Gläser wegräumt und einfach ein bisschen für Ordnung sorgt. Schon ein, zwei Helfer/-innen, die alles im Blick behalten, können goldwert sein und Ihnen sehr viel Arbeit während des Festes selbst abnehmen. Personal können Sie bei spezialisierten Dienstleistern mieten, oder Sie fragen bei Gastronom/-innen, im Café um die Ecke oder bei Freund/-innen, die Kinder im Studierendenalter haben.

Bei Veranstaltungen mit relativ vielen Gästen ist es auch toll, wenn jemand vor Ort ist, der sich nur darauf konzentriert, den Partyablauf zu unterstützen und quasi als Ihr Stellvertreter agiert: Er oder sie kann dann alle To-dos im Blick behalten, sich um Getränkenachschub kümmern, dafür sorgen, dass das Buffet rechtzeitig aufgefüllt wird, oder sich um kleine Notfälle kümmern. Dazu braucht es eine Person, die organisatorisch geschickt ist und auch in anstrengenden Situationen die Nerven bewahren kann. Wichtig ist ein ganz genaues Briefing vorab: Als Ihre rechte Hand sollte diese Person gut eingeweiht sein, also nehmen Sie sich etwas Zeit für eine umfangreiche Einweisung in den Haushalt und alles, was für das Fest gebraucht wird.

Mengen vorab planen

Damit niemand auf dem Trockenen sitzt oder hungrig wieder nach Hause gehen muss, sollten Sie Getränke und Essen nicht zu knapp bemessen. Sie müssen Ihre Gäste aber auch nicht damit "überschütten" – es sind sicher noch keine Menschen auf einer Party fast verdurstet oder mussten großen Hunger leiden. Gerade wenn Sie dazu neigen, "lieber zu viel als zu wenig" vorzubereiten, sollten Sie sich auf Erfahrungen anderer stützen, bevor am Ende des Festes viel übrig bleibt.

✦✦✦

Um die Menge der benötigten Getränke zu schätzen, gibt es Onlinerechner – zum Beispiel auf Getraenkewelt.de –, die abfragen, wie viele Gäste man (mit welchen Trinkgewohnheiten) erwartet, was angeboten wird und wie lange das Fest dauern soll. Wollen Sie beispielsweise sechs Stunden lang feiern, Bier, Wein und Sekt, Spirituosen und alkoholfreie Getränke vertreten haben und laden rund 25 Gäste ein, von denen ein Drittel eher wenig, ein Drittel durchschnittlich und ein Drittel eher viel trinkt, dann sollten Sie rund 60 Flaschen Bier, 15 Flaschen Wein und Sekt, 4 Flaschen "Hartes" und 18 Flaschen Alkoholfreies einkaufen. Für Buffets finden Sie auf Webseiten wie Umweltberatung.at oder Derkleinegarten.de Empfehlungslisten für die Mengen von Salaten, Suppen, Fisch, Fleisch und Beilagen. Nutzen Sie sie als Orientierung, und mischen Sie das Ergebnis mit ein bisschen Bauchgefühl. Denn wenn Sie zum Beispiel Ihre legendäre Guacamole machen, die alle lieben, dann werden Sie mehr davon brauchen, als einschlägige Ratgeber vielleicht empfehlen – und reichlich Chips dazu!

Rote-Bete-Salat mit Wildkräutern

Vor-/Zubereitungszeit: ca. 40 Minuten
plus Garzeit: 60–70 Minuten

Zutaten für 4 Portionen

- 2 Rote Beten (à ca. 150 g)
- 2 rosa Grapefruits
- 2 kleine säuerliche Äpfel
- 60 g Pekannusskerne
- 80 g Wildkräuter- und Blattsalat-Mix mit Blüten (je nach Saison z. B. Brunnenkresse, Schafgarbe, Sauerampfer, Babyleaf-Salat etc.)
- 15 ml Rotweinessig
- 20 ml Ahornsirup
- 1 TL Anissamen
- Salz, Pfeffer
- 40 ml Traubenkernöl
- 20 ml Nussöl
- ca. 40 g dünnes Knäckebrot

1 Backofen auf 200 Grad (Umluft: 190 Grad) vorheizen. Rote Beten in Alufolie wickeln, im Ofen in 60–70 Minuten weich garen. Beten schälen, in feine Spalten schneiden (dazu Küchenhandschuhe tragen).

2 Grapefruits mit einem Messer so dick schälen, dass die weiße Haut mitentfernt wird. Die Fruchtfilets herausschneiden, die übrigen Fruchtkörper auspressen, Saft auffangen. Äpfel waschen, vierteln, entkernen. Äpfel in dünne Scheiben schneiden und mit etwas Grapefruitsaft mischen. Nusskerne grob hacken, in trockener Pfanne ohne Fett rösten.

3 Kräuter, Salat und Blüten verlesen, evtl. kleiner zupfen. Essig, Ahornsirup und Anis mit ca. 40 ml Grapefruitsaft verrühren. Salzen und pfeffern. Nach und nach beide Öle darunterschlagen. Kurz vor dem Servieren alle vorbereiteten Salatzutaten mit dem Dressing mischen. Salat abschmecken und mit Knäckebrot servieren.

Lieferdienste nutzen

Das alles nach Hause zu schleppen, kann jede Menge Zeit und Nerven kosten. Überlegen Sie, ob Sie die Getränke und auch die benötigten Lebensmittel lieber bei Lieferdiensten bestellen. Das erspart lästiges Schleppen. Und da am Ende meistens doch etwas fehlt, flitzen Sie sicher sowieso noch einmal in den Supermarkt oder Feinkostladen, um letzte Kleinigkeiten zu besorgen. Damit Sie trotzdem so viel wie möglich "am Stück" bestellen können, sollten Sie früh eine Liste mit allen benötigten Dingen anlegen. Achten Sie auch auf Lieferfristen der Dienstleister, und ordern Sie rechtzeitig - nicht zuletzt, um ein Lieferzeitfenster reservieren zu können, das gut in Ihre persönliche Wochenplanung passt.

Auch bei Lieferdiensten ist nicht immer alles vorrätig: Behalten Sie im Blick, wenn in Ihrer Bestellung etwas fehlt, und schreiben Sie alles auf. Das sind dann Dinge, die schnell vergessen werden, aber die Sie ebenfalls vorab im Supermarkt oder Laden "um die Ecke" in Ruhe besorgen können.

✦✦✦

Auch bei den Geschäften vor Ort wie der Bäckerei oder Fleischerei ist es sinnvoll, größere Mengen vorzubestellen. Außergewöhnliche Zutaten sind nicht immer oder nicht immer in der benötigten Menge vorrätig. Und Sie müssen dann auch keine Sorge haben, dass etwa Rumpsteak oder Baguette an dem Tag, an dem Sie es brauchen, leider schon ausverkauft sind. Zudem müssen Sie nicht besonders früh aufbrechen, um noch die volle Auswahl zu haben. Und nicht zuletzt geht es schneller, etwas im Geschäft nur abzuholen, als es vor Ort erst auszuwählen und zu kaufen. Das sind kleine Details, aber am Tag Ihres Events können Sie jede Minute gut gebrauchen!

BUNTE - TIPP

Gehen Sie nicht hungrig los!

Denn mit leerem Magen neigen Sie eher dazu, zu große Mengen einzukaufen. Essen Sie sich besser vor dem Einkauf satt. Das schützt Sie vor übermäßigen Ausgaben, und Sie sind auch körperlich besser in Form: Viele Lebensmittel zu kaufen, kann durchaus Kraft kosten, weil deutlich mehr zu tragen ist und Sie konzentriert bleiben müssen. Das können Sie mit einem angenehm gefüllten Magen einfach besser als hungrig!

Wenn Sie zu den Gastgeber/-innen gehören, die immer Sorge haben, dass das Essen nicht reicht: Versuchen Sie, dieses Gefühl hinter sich zu lassen. Das Risiko, dass Sie wirklich zu wenig kaufen, ist verschwindend gering – und selbst wenn mal etwas ausgehen sollte, nehmen Ihre Gäste Ihnen das sicher nicht übel. Daher halten Sie sich an Ihre Einkaufsliste, lassen Sie sich unterwegs weder von zusätzlichen Leckereien verführen noch tappen Sie in die Falle, "lieber doch ein bisschen mehr" von allen Zutaten zu nehmen. Meist bleibt das am Ende übrig und muss mitunter weggeworfen werden, weil Sie gar nicht alle Reste selbst essen oder weitergeben können, bevor sie verderben. Wenn es Sie überkommt und Sie drei Baguettes für sechs Gäste kaufen wollen, "nur für den Fall, dass ..." – dann überlegen Sie einfach kurz mit kühlem Kopf, ob Sie selbst wirklich ein halbes Baguette an einem Abend essen würden, vor allem wenn es nur eine Beilage ist. Wahrscheinlich nicht!

PS: Wenn man davon ausgeht, dass eine Scheibe Baguette ungefähr zwei Zentimeter dick ist, ergibt ein 50-Zentimeter-Baguette ganze 25 Scheiben. In der Regel essen die Gäste bei großer Auswahl oder einem Menü nur zwei bis drei Scheiben – dann reicht also ein Baguette für acht Personen!

Kräfte schonen

Es sind diese viele kleinen Überlegungen und Planungen, die Sie schließlich entspannt bleiben lassen. Machen Sie nicht den Fehler, das Event "auf sich zukommen" zu lassen. Denn das sorgt sicher für viele unvorhergesehene und anstrengende Herausforderungen – die Sie alle davon abhalten, einfach nur eine gute Zeit zu haben. Nehmen Sie sich selbst als Gastgeber/-in ernst, schonen Sie Ihre Kräfte am Tag des Events, und entscheiden Sie sich, in der Vorbereitung wirklich nur das zu realisieren, was Sie stemmen können. Und lassen Sie sich, wo immer möglich, von anderen helfen.

BUNTE - TIPP

Helfende Hände

Es kann zum Beispiel toll sein, wenn ein paar Freund/-innen etwas früher kommen als die anderen Gäste und Sie gemeinsam den letzten Feinschliff vornehmen – vorausgesetzt, die großen To-dos sind alle schon erledigt. Aber wenn eine das Brot schneidet, die andere die letzten Gläser poliert, die nächste das Buffet checkt und Sie selbst noch mal durchgehen, ob Sie nichts vergessen haben, dann erleichtert das nicht nur Sie, sondern kann auch schon ein sehr schönes Gefühl von Gemeinschaft vermitteln. Sie können sich dann im engsten Kreis schon mal warmreden, bevor alle am Abend in der Menge etwas untergehen.

Die Kosten

Bei allen Entscheidungen, die rund um ein Fest nötig sind, spielen auch immer die Kosten eine Rolle. Grundsätzlich kann man sagen, dass man auch mit einer Flasche Wein für sechs Euro und ein paar Salzstangen den Abend seines Lebens erleben kann. Ein bisschen mehr Budget ist aber sinnvoll und schön. Wie viel eine Einladung kostet, hängt stark von der

Menge der Gäste, von Speisen und Getränken ab. Loten Sie Ihre Möglichkeiten aus, und seien Sie gern großzügig, wenn es Ihnen möglich ist, bleiben Sie aber auch vernünftig, und bremsen Sie sich, wenn nötig: Sie müssen keinen Jahrgangschampagner auffahren, um Ihre Gäste glücklich zu machen, und wenn diese ein Menü mit besonders teuren Delikatessen essen wollen, dann gehen sie dazu eher ins Restaurant, als zu erwarten, dass Sie solche Dinge im Privaten auftischen. Natürlich kann Luxus auch großen Spaß machen. Wenn Sie also Lust darauf haben und es sich leisten können, dann bringen Sie gern ein paar preisintensivere Speisen auf den Teller, oder schenken Sie zum Anstoßen einen guten Champagner aus. Auch wenn es nur Akzente sind, werten solche Details einen Abend auf.

Behalten Sie die Kosten in jedem Fall gut im Auge: Setzen Sie sich am besten vorab einen realistischen Kostenrahmen, und halten Sie sich an Ihre eigenen Grenzen.

So können Sie leicht sparen:

1 Wein darf auf jeden Fall gut sein, aber es muss bei Weitem nicht der teuerste sein. Auch im unteren Preissegment bis um die zehn Euro gibt es Weine, die sehr gut schmecken – lassen Sie sich im Weinladen beraten, und wählen Sie nach Geschmack, nicht nach Preis aus.

2 Wählen Sie Crémant statt Champagner – er ist edler als Sekt, aber preislich günstiger.

3 Mineralwasser: Vor allem regionales Wasser ist oft sehr günstig. Wenn Sie es in schöne Karaffen füllen, wirkt es edler. Geben Sie ein paar Zitronenscheiben, Orange oder Minze hinzu, um

es zu aromatisieren: Das kostet nicht viel, ist aber ein schönes kleines Upgrade.

4 Fisch und Fleisch: Sparen Sie hier auf keinen Fall, indem Sie beides günstig kaufen, sondern indem Sie ganz darauf verzichten. Ein vegetarisches Menü oder ein vegetarischer Schwerpunkt auf Ihrem Buffet kann kulinarisch fantastisch sein, ohne dass Sie viel Geld dafür ausgeben müssen. Wenn alles aromatisch zubereitet wird, wird niemand Fleischiges vermissen. Fisch und Fleisch von guter Qualität haben dagegen ihren Preis und das zu Recht – und Sie müssen beides nicht zwingend servieren, vor allem nicht bei größeren Runden. Zudem ist das viel klimafreundlicher.

5 Grundsätzlich kann es günstiger sein, selbst zu kochen, als ein Catering zu bestellen oder eine/-n private/-n Koch/-öchin zu mieten. Dabei kommt es aber darauf an, ob Sie gut planen können und die Rezepte so zusammenstellen, dass wenig Lebensmittel übrig bleiben und nicht zu viele teure Zutaten dabei sind. Ein Vergleich kann sich also lohnen: Vielleicht ist die bestellte kalte Platte weniger preisintensiv, als wenn Sie alles selbst besorgen?

6 Deko: Wenn Ihr Budget eher knapp ist, dann kaufen Sie möglichst wenig Deko neu. Arbeiten Sie mit Dingen, die Sie schon zu Hause haben oder die Sie leihen können. Oder halten Sie die Deko möglichst clean, auch das kann sehr schön aussehen.

7 Eine/-n DJ/-ane braucht es im privaten Rahmen eher nicht – eine durchdacht geplante Playlist und gute Technik können ihn/sie ersetzen.

Hieran sollten Sie lieber nicht sparen:

1 Hochwertige Zutaten: Kaufen Sie für das Essen gute Zutaten, aber lieber simple, saisonale Produkte, die Sie raffiniert verarbeiten, als exklusive Feinkost. Wenn die Produkte bio sind, dann umso besser! Schauen Sie nach Angeboten. Oder besuchen Sie einen Wochenmarkt, dort gibt es oft sehr frische und gute Ware. Im Trendviertel sind die Preise meist höher: Weichen Sie daher auch mal auf einen Markt in einem weniger belebten Kiez aus!

2 Brot: Ein gutes Brot schmeckt in der Regel einfach sehr viel besser als ein günstiges – diese Investition lohnt sich.

3 Genau dasselbe gilt für Olivenöl, Salz und alles, was "einzeln" gegessen wird: Wenn die Gäste gutes Brot in gutes Olivenöl tunken können, kann das ein Fest für sich sein. Oder wenn Sie am Ende eines tollen Dinners noch zwei, drei edle Pralinen serviert bekommen, setzt das dem Menü ein Krönchen auf.

4 Bei den alkoholfreien Getränken wie Säften und Limonaden sollten Sie eher Markenprodukte kaufen, als zu sehr günstigen Alternativen zu greifen: Die Qualität schmeckt man.

5 Wenn Sie auf betont edle Speisen wie Kaviar setzen, dann sollten diese auch hochwertig sein. Man muss nicht den teuersten kaufen, aber billigen Kaviar kann man sich im wahrsten Sinne des Wortes sparen.

Eine Möglichkeit, Kosten zu sparen, ist auch, die Gäste darum zu bitten, etwas mitzubringen. Das ist durchaus legitim, vor allem im engeren

Freundeskreis. Kommunizieren Sie es vorher klar und freundlich, und überfordern Sie Ihre Gäste nicht. Eine Flasche Wein mitzubringen, ist leicht - die kann man auch auf dem Weg zur Party noch schnell im Weinladen kaufen, wenn die Zeit knapp ist. Wenn Sie aber darum bitten, etwas zu essen mitzubringen, dann kann das mit erheblichem Aufwand verbunden sein, der unter Umständen Stress bereitet. Sie können aber verschiedene Aufgaben verteilen: Wenn Sie wissen, dass ein Gast gut und gern backt, bitten Sie ihn oder sie darum, seine oder ihre Spezialität aus dem Ofen mitzubringen - und er oder sie wird wahrscheinlich Spaß daran haben, das für Sie zuzubereiten. Wenn Sie von einem anderen Gast wissen, dass der- oder diejenige ein Kochmuffel ist, dann wären vielleicht eher eine Flasche Wein oder Cracker der passende Wunsch an ihn oder sie.

Sprüche fürs Gästebuch

Wer als Gast gebeten wird, sich in einem Gästebuch zu verewigen, muss nicht nervös werden. Wir empfehlen, in solchen Momenten auf große Worte bekannter Persönlichkeiten zurückzugreifen, und haben eine kleine Auswahl an Vorschlägen gesammelt. Wenn Sie diese Zitate mit ein paar persönlichen Worten verbinden wie "Danke für den außergewöhnlich inspirierenden Abend - ich habe es sehr genossen, bei Euch zu Gast zu sein" oder "Euer Wein ist der beste - genau wie Euer Humor!", ist Ihr Eintrag perfekt!

"Es ist besser zu genießen und zu bereuen, als zu bereuen, dass man nicht genossen hat."
— Giovanni Boccaccio

"Schönheit ist der Sinn der Welt. Schönheit genießen heißt: die Welt verstehen."
— Otto Julius Bierbaum

"Gutes Essen lässt Sorgen vergessen."
— Aus Österreich

"Die Probe eines Genusses ist seine Erinnerung."
— Jean Paul

"Kein Genuss ist vorübergehend; denn der Eindruck, den er zurücklässt, ist bleibend."
— Johann Wolfgang von Goethe

"Ein Leben ohne Feste ist wie eine Reise
ohne Gasthaus."
— Demokrit

"Gastfreundschaft besteht aus ein wenig Wärme,
ein wenig Nahrung und großer Ruhe."
— Ralph Waldo Emerson

"Begegne den Menschen mit der gleichen
Höflichkeit, mit der du einen teuren
Gast empfängst."
— Konfuzius

"Ein Gast ist wie ein Fisch,
er bleibt nicht lange frisch."
— Sprichwort

"Wir danken wie besessen für
dieses tolle Fr..."
— Bart Simpson

Oh, lecker!

Die Frage, was es zu essen gibt, ist wohl eine der am häufigsten gestellten auf Partys. Wir sagen Ihnen, was Sie als Gastgeber/-in bei der Auswahl und Zubereitung des Essens beachten sollten, damit es für Sie gut umsetzbar ist und allen schmeckt.

Ein Buffet

Ein Tisch voller Leckereien, von denen sich jede/-r nehmen kann, worauf er oder sie Lust hat – das ist eine sehr gute Lösung für lockere Events mit einer größeren Zahl an Gästen, ungefähr ab acht bis zehn

Personen. Je mehr Personen Sie einladen, umso größer ist die Vielfalt, die Sie auf einem Buffet anbieten können.

Basics für ein kaltes Buffet sind: Salate, Häppchen, Brot, Quiche und Dessert.

Ein warmes Buffet ist für den privaten Bereich recht aufwendig: Sie brauchen Geräte, mit denen Sie die Speisen auf Temperatur halten können. Sie heißen Chafing Dish und können bei Caterern ausgeliehen werden. Wenn Sie ein warmes Catering bestellen, werden die Gerichte in der Regel in solchen Schalen geliefert. Sie sollten bei einem warmen Buffet Vorspeisen, Salate, Hauptgerichte und Beilagen wie Kartoffeln und Gemüse sowie Dessert anbieten. Wenn möglich, füllen Sie alles regelmäßig auf, oder engagieren Sie jemanden, der das tut.

Nichts, was krümelt oder kleckert

Wichtig ist, dass alle Speisen leicht auf einen Teller oder in eine Schale manövriert werden und möglichst unkompliziert gegessen werden können. Jede Speise mit flüssigen Soßen oder Dressings und alles, was stark krümelt, ist eher schwierig. Vor allem wenn Gäste im

Stehen essen, ist die Gefahr groß, dass sie leicht kleckern und sich über Flecken und Brösel auf ihren Outfits ärgern. Gut geeignet ist dagegen, was fest ist, einfach in die Hand genommen werden kann und (fast) Häppchengröße hat – zum Beispiel Baguettescheiben mit Belag, Mini-Pumpernickel, Käsewürfel oder Weintrauben. Legen Sie gegebenenfalls reichlich Spieße und Gabeln bereit – neben kleinen Tellern und Servietten.

Grundsätzlich sollten Sie leicht verderbliche Speisen vermeiden. Denken Sie auch daran, ob die Leckereien nach einigen Stunden auf dem Buffet immer noch gut aussehen werden, und bevorzugen Sie alles, was dieses Kriterium erfüllt. Umso weniger Arbeit werden Sie auch damit haben, während der Feier einzelne Speisen aufzufüllen, auszutauschen oder vom Buffet zu nehmen.

An Vegetarier und Veganer denken

Die Essgewohnheiten sind heute vielfältig. Bedenken Sie bei der Planung eines Buffets, dass nicht alles Fleisch oder Fisch enthalten sollte, sondern dass auch vegetarische und möglichst auch vegane Speisen auf den Tisch kommen – es sei denn, Sie wissen, dass keiner Ihrer Gäste sich so ernährt. Achten Sie auch auf Allergene: Viele Menschen reagieren auf Zutaten wie Nüsse, Fisch oder Sellerie. Vielleicht können Sie das schon vorab im Hinterkopf haben und gegebenenfalls Zutatenlisten bereithalten. Die Betroffenen werden Sie sicher fragen, worin der jeweilige Stoff enthalten ist. Da es vielen von ihnen eher unangenehm ist, wenn Sie einen Sonderweg gehen müssen, gibt es ihnen ein gutes Gefühl, wenn Sie als Gastgeber/-in hier aufmerksam sind und unkompliziert alle nötigen Infos parat haben.

Bunter Tomatensalat in Parmesan-Dressing

Vor-/Zubereitungszeit: ca. 30 Minuten

Zutaten für 4 Portionen

- ○ 70 g Parmesan
- ○ 4 EL Mayonnaise
- ○ 7 EL Olivenöl
- ○ Salz, Pfeffer
- ○ 800 g bunte Tomaten (gern unterschiedliche Größen, Sorten und Farben; z. B. grüne Tomaten. Das sind Sorten, die trotz der grünen Farbe reif und daher genießbar sind)
- ○ 3 Lauchzwiebeln
- ○ 1 rote Zwiebel
- ○ 1 Bund Basilikum
- ○ 30 g Kapern (aus dem Glas)
- ○ 50 g Sardellenfilets (aus dem Glas)
- ○ 1–2 TL Zucker

1 Käse fein reiben. Den geriebenen Käse mit Mayonnaise, 2 EL Olivenöl sowie 4 EL Wasser vermengen. Das Parmesan-Dressing mit Salz und Pfeffer abschmecken.

2 Tomaten waschen, jeweils Stielansatz herausschneiden. Alle Tomaten in mundgerechte Stücke schneiden. Lauchzwiebeln putzen (das dunkle Grün abschneiden und anderweitig verwenden). Helle Lauchzwiebelteile in feine Ringe schneiden. Zwiebel abziehen, in Ringe schneiden. Basilikumblätter abzupfen.

3 Kapern und Sardellen abtropfen lassen. Dann die vorbereiteten Salatzutaten bis auf das Dressing in eine große Schüssel geben. Salat mit Salz, Zucker, übrigem Olivenöl (4–6 EL) sowie mit Pfeffer würzen. Alles gut vermischen und mindestens 10 Minuten durchziehen lassen.

4 Salat auf einer Platte oder auf Tellern anrichten. Mit der Parmesan-Mayonnaise beträufeln und servieren.

Magic Red Pasta

Vor-/Zubereiten: ca. 35 Minuten

Zutaten für 4 Portionen

- ○ 1 weiße Zwiebel (ca. 100 g)
- ○ 2–3 Knoblauchzehen
- ○ 50 g Staudensellerie
- ○ 100 g Möhre
- ○ evtl. 1 kleine Chilischote
- ○ 150 g Räuchertofu
- ○ ca. 3 EL Olivenöl
- ○ 35 g Ingwer
- ○ 150 ml Prosecco
- ○ ca. 4 EL pflanzlicher Parmesan (z. B. "Simply V Pastagenuss")
- ○ 1 EL Dijonsenf
- ○ ½ TL Paprikapulver (edelsüß)
- ○ ½ TL gemahlene Kurkuma
- ○ 350 g passierte Tomaten (Fertigpr.)
- ○ Meersalz, Pfeffer
- ○ 400 g Spaghetti
- ○ evtl. ein paar Basilikumblättchen

1 Zwiebel und Knoblauch abziehen, Sellerie und Möhre putzen. Alles klein würfeln. Chilischote fast bis zum Stiel aufschlitzen (so kann sie später leicht als Ganzes aus der Soße gefischt werden). Den geräucherten Tofu so klein wie möglich schneiden.

2 Öl in einer hohen Pfanne erhitzen, klein gehacktes Gemüse, Chili und 15 g Ingwer (geschält und gehackt) darin anbraten. Tofu zufügen, nach ca. 1 Minute den Prosecco angießen. "Simply V Pastagenuss" (pflanzlicher Parmesan), Senf, Paprikapulver, Kurkuma und passierte Tomaten einrühren. Tomatenpackung mit Wasser auffüllen, durchschütteln, zur Soße gießen. Soße bei kleiner Hitze ca. 10 Minuten kochen. Salzen, pfeffern, zugedeckt ziehen lassen.

3 In einem großen Topf reichlich Wasser aufkochen, den übrigen Ingwer halbieren und mit 1 EL Meersalz hineingeben. Pasta darin nach Packungsangabe "al dente" garen. In ein Sieb abgießen. Ingwerstücke und Chilischote evtl. entfernen.

4 Pasta und Soße auf Tellern anrichten. Nach Belieben mit mehr "Simply V Pastagenuss", einem Schuss Olivenöl und evtl. etwas Basilikum garnieren. Sofort servieren.

Eiersalat mit Zucchini-Krapfen

Vor-/Zubereitungszeit: ca. 50 Minuten

Zutaten für ca. 6 Portionen

- 8 Eier (Größe L)
- 150 g bunte Kirschtomaten
- 120 g Gurke, 500 g Zucchini
- 1 Chilischote (fein gehackt)
- je 2 EL Petersilien- und Kerbelblättchen
- (gehackt)
- je 1 TL gemahlener Kreuzkümmel
- und Piment
- 5 EL Olivenöl, Salz, Pfeffer
- 40 g Zwiebel
- 1 Knoblauchzehe
- ½ Bund Koriander (gehackt)
- 1 TL Limettenabrieb
- 60 g Mehl
- 1,5 TL Backpulver
- ½ TL gemahlener Kardamom
- ca. 700 ml Frittieröl

1 Für den Salat 8 Eier ca. 5 Minuten kochen. Abschrecken, pellen, vierteln.

2 Tomaten, Gurke sowie Zucchini putzen, waschen. Tomaten halbieren. Gurke evtl. schälen, klein würfeln. Tomaten und Gurke mit Chili, Kräutern, Gewürzen und Olivenöl mischen.

3 Eier vorsichtig unterheben und den Salat ca. 20 Minuten ziehen lassen.

4 Zwiebel und Knoblauch abziehen. Die Zwiebel wie auch die Zucchini grob reiben, kräftig salzen und mindestens 5 Minuten ziehen lassen. Knoblauch hacken, mit Koriander, Limettenabrieb, Mehl, Backpulver, übrigen 2 Eiern sowie Kardamom mischen. Zucchini-Mix trocken ausdrücken, unter den Teig mischen.

5 Frittieröl in einem Topf auf ca. 160 Grad erhitzen. Mithilfe von zwei Esslöffeln aus dem Teig Nocken formen und portionsweise im heißen Öl ausbacken. Die Zucchini-Krapfen herausheben und auf Küchenpapier abtropfen lassen.

6 Eiersalat mit Salz und Pfeffer abschmecken und zusammen mit den Zucchini-Krapfen servieren. Und dazu: ein Joghurt-Dattel-Dip, der ist erfrischend und süß zugleich.

Rechtzeitig vorbereiten, aber nicht zu früh

Wenn Sie das Buffet vorbereiten, sollten Sie nicht zu spät beginnen, um nicht noch Salat zu schneiden, wenn schon die ersten Gäste klingeln. Sie sollten aber auch nicht zu früh beginnen, damit alle Speisen noch lecker und frisch sind, wenn die Gäste kommen. Beachten Sie bei der Planung der Speisen, wie viele Kühlmöglichkeiten Sie haben, und passen Sie das Angebot jeweils an. Kräuterquark, Hummus und Co. sehen schnell nicht mehr schön aus, sollten also bis kurz vor Beginn im Kühlschrank aufbewahrt werden, genauso wie leicht verderbliche Speisen wie zum Beispiel Fisch. Schon am Vortag zubereiten können Sie beispielsweise süße oder herzhafte Muffins oder Gebäck aus Blätterteig. Auch durchgebratene (Mini-)Frikadellen halten sich im Kühlschrank locker einen Tag.

Nicht die passende Zeit für Experimente

Wenn Sie das Buffet selbst zubereiten, machen Sie keine Experimente: Wählen Sie nur Rezepte aus, die Sie schon kennen oder bei denen Sie herauslesen können, dass sie sicher gelingen. Alles andere sollten Sie sich für andere Gelegenheiten aufsparen – wenn mehr Zeit bleibt und nicht noch etliche andere To-dos warten. Auch wenn Sie gern kochen und gern alles selbst machen, zum Beispiel Brot backen und ab und zu mal selbst Butter schlagen: Tun Sie das, wenn Sie Gäste erwarten, wirklich nur, wenn es Ihnen sehr leichtfällt und Sie ausreichend Zeit haben! Zumindest nicht, wenn es eine größere Runde ist und noch so viele andere Dinge vorbereitet werden müssen. Bei einem Buffet gilt es, im Zweifel besser pragmatisch vorzugehen.

> Mindestens viermal im Jahr bereite ich eine große Lachsforelle zu. Das ist schon zur Tradition geworden. Die packe ich erst in Alufolie und dann mit viel Zitrone auf den Grill. Wir machen daraus dann ein richtiges Happening im Garten. Im Sommer lade ich oft Freunde und Familie zum Barbecue zu uns nach Hause ein. Gut und gern mal zehn bis zwölf Leute, dann kommt wirklich alles auf den Tisch – denn unsere Gäste sind entweder Vegetarier, Nur-Fisch-Esser oder Fleischliebhaber. Ich koche immer selbst, ich stehe immer am Grill, das lasse ich mir nicht nehmen. Ich bin sozusagen die Grillmeisterin.

Franziska Knuppe (Model, Moderatorin, Schauspielerin)

BUNTE - TIPP

Ihr persönliches Archiv

Inspirationen für Rezepte und Tischdeko oder besondere Tipps und Tricks begegnen Ihnen sicher das ganze Jahr über – nur nicht unbedingt dann, wenn Sie gerade Ihr Fest veranstalten wollen. Deshalb ist es schön, eine kleine Sammlung mit Ausrissen aus Zeitschriften, ausgedruckten Rezepten oder auch Büchern anzulegen, die Ihnen gefallen und in denen Sie spannende Ideen für Partys entdeckt haben. Wenn Sie eine kleine Kiste dafür bereithalten, füllt sich dieser Schatz im Laufe der Zeit wie von selbst, und Sie können darauf zugreifen, wenn Sie eine konkrete Einladung planen. Oder Sie nutzen Pinterest, um gezielt nach Inspiration zu suchen. Pinterest ist eine Art Suchmaschine für Bilder – Sie finden dort zu vielen Stichworten passende Motive aus dem Netz, inklusive Texte, und können sie auf virtuellen Pinnwänden sammeln. Auch Ihre Favoriten können Sie digital speichern: Gerichte, die Sie richtig gern essen oder die Ihnen besonders gut gelungen sind und die sich auch für größere Runden eignen, oder leckere Drinks, an die Sie gern zurückdenken, können Sie in einem eigenen kleinen Archiv an Word- oder PDF-Dokumenten oder in Form einer Link-Sammlung sichern.

Wenn Sie Ihr Buffet arrangieren, können Sie alles in Gefäßen nebeneinander anordnen und beispielsweise mit Früchten oder essbaren Blumen dekorieren. Es ist sinnvoll, passende Speisen nah beieinander zu platzieren, also beispielsweise Kuchen und andere süße Dinge nah zusammen zu stellen. Der Tisch sollte zu der Menge der angebotenen Speisen passen und weder zu knapp noch zu großzügig bemessen sein. Wenn alles gerade so auf den Tisch passt, ist es für die Gäste mitunter schwierig, sich etwas zu nehmen, ohne dass vielleicht etwas herunterfällt. Auf einem zu großen Tisch kann das Buffet schnell verloren wirken – hier können Sie aber immer ein bisschen tricksen: Sie können zum Beispiel neben dem Essen auch Geschirr, Besteck und Servietten auf dem Tisch stationieren. Brot können Sie dann geschnitten in eher flachen, ausladenden Gefäßen wie Schüsseln oder Körben dazustellen. Und wenn immer noch viel Leerraum ist, setzen Sie auf Blumen in Vasen oder andere Dekoobjekte, die Sie mit auf den Buffettisch platzieren. Das kann zum Beispiel auch eine ganze Ananas mit ein paar weiteren Früchten wie Äpfeln, Orangen und Bananen sein.

Üppige Variante mit leckeren Kleinigkeiten

Eine moderne Variante des Buffets, die besonders schön aussieht, ist der sogenannte Grazing Table: Dabei wird ein Tisch üppig mit leckeren Kleinigkeiten belegt – von Brot und Käse über Nüsse bis zu Früchten und Nachtisch; Salziges und Süßes kommen hier zusammen. So nimmt man zum Beispiel einen ganzen Käselaib, garniert ihn mit frischen Feigen und lässt etwas Honig daran herunterlaufen. Knackige Cracker treffen auf aromatische Dips, die in Schalen dazugestellt werden. Ganze Reben von Weintrauben neben zartem Schinken und frischem Weißbrot lassen die Geschmacksknospen wach werden. Feine Schokolade, grob gebrochen, wird vielleicht ebenfalls mit Früchten und kleinen salzigen Brezeln kombiniert.

“Grazing” bedeutet “weiden”, und genau das darf man bei so einem Tisch ausgiebig tun: Auf ihm sind Brot, Wurst, Käse, Früchte, Oliven, Cracker und Co. auf Brettern und in kleinen Schälchen eng aneinander drapiert. Ihre Gäste können alles probieren und in der leckeren Vielfalt schwelgen. Dieses Buffet wirkt geradezu üppig und überladen und lässt Fantasien vom

Schlaraffenland wach werden. Genau das ist der Spaß daran: Man kann hier so richtig genießen und viele Geschmäcker erleben. Jede/-r nimmt, was er oder sie mag und worauf er oder sie gerade Lust hat. Der Grazing Table ist besonders kommunikativ, denn hier stehen oder sitzen viele Gäste gern zusammen und unterhalten sich, während sie immer wieder zu neuen Köstlichkeiten greifen – und sich gegenseitig die besten Leckerbissen empfehlen.

Sweet Table oder Candy Bar

Charmante Varianten beim Dessert sind ein sogenannter Sweet Table oder eine Candy Bar. Sie können als Ergänzung eines Buffets etwas abseits stehen oder mit einem gesetzten Dinner mit Menü kombiniert werden: Dann können die Gäste nach dem Hauptgang den Nachtisch individuell aussuchen, was die Runde auflockert. Auf einem Sweet Table werden kleine Kuchen, Törtchen, Cakepops, Pralinen oder andere süße Dinge wie Bonbons, Marshmallows oder Schokodrops aufgebaut. Bei der Candy Bar sind es eher Gummibärchen, Pralinen, Cakepops und Kekse: Hier kann man sich einzelne Stücke auswählen und in einem Glas oder auch einer Tüte sammeln. Die Tüten können Sie vorher beschriften oder einen kleinen Gruß darauf schreiben.

✦✦✦

Wenn Sie ein lockeres Fest feiern oder eine Mottoparty, zu der es passt, können Sie zum Beispiel Kindheitserinnerungen wach werden lassen, indem Sie Retro-Sweets wie Pez-Bonbons, Nippon-Schokolade, Brause-Ufos, Eiskonfekt, Kaubonbons, Leckmuscheln oder Bonbonketten in schöne Gefäße füllen. Legen Sie Zangen dazu, dann kann sich jeder seine Favoriten herauspicken.

An diesem Beispiel sehen Sie: Erlaubt ist, was gefällt! Befreien Sie sich von den Konventionen, die mit dem Thema Einladen oft verbunden sind: Sie brauchen kein weißes Tischtuch, und es müssen auch nicht alle brav am Tisch sitzen. Eine Einladung sollte immer Stil haben, und es sollte alles da sein, was die Gäste brauchen, um sich wohlzufühlen. Aber Sie können auf jeden Fall eigene Akzente setzen. Das macht Ihr Fest einzigartig. Und die Gäste werden es Ihnen danken, weil sie sich sofort wohlfühlen und eine gute Zeit bei Ihnen haben.

Ein Menü

Ein Menü zu planen und umzusetzen, ist in der Regel etwas schwieriger als ein Buffet, aber dieser Aufwand kann sich lohnen. Überlegen Sie sich gut, ob Sie selbst kochen wollen oder lieber eine/-n Mietkoch/-öchin engagieren oder auf Catering zurückgreifen. Denn bei einem Menü gilt mehr denn je: Haushalten Sie mit Ihren Kräften! Wenn Ihnen Kochen wirklich Spaß macht und Sie Zeit und Muße haben, am Tag des Events selbst für lange Zeit in der Küche zu stehen, können Sie darüber nachdenken, das Dinner selbst zu kochen. Dafür sollten Sie ein Händchen fürs Timing haben und auch unter Druck immer möglichst entspannt und freundlich bleiben können. Denn als Gastgeber/-in sollten Sie nicht in Hektik ausbrechen, wenn alle Gäste am Tisch sitzen.

Entspannt genießen

Genau das ist ja auch das wichtigste Markenzeichen eines Dinners: Alle sitzen in Ruhe am Tisch. Niemand muss aufstehen, um sich etwas zu essen vom Buffet zu holen, man kommt schnell in tiefere Gespräche mit seinen Sitznachbar/-innen und kann das Essen ganz entspannt genießen. Umso schöner ist es, wenn Sie alles gut vorbereitet haben und nur noch letzte Handgriffe für jeden Gang vornehmen müssen, um ihn zu servieren. Daher eignet sich für die Hauptgerichte alles gut, was vorbereitet werden kann und dann nur aufgewärmt werden muss. Oder was im Ofen (fertig) gebacken werden kann: Sobald Sie die Zeit absehen können, zu der es serviert werden soll, stellen Sie einfach das Gericht in den Backofen. Denken Sie bei der Auswahl der Rezepte auch an Quiches, die kalt oder warm gegessen werden können, oder Ragouts oder andere Gerichte, die lange kochen – diese können Sie früh zubereiten und müssen dann nur noch einen Blick darauf haben. Außerdem kochen die Gäste selbst solche Speisen, die nicht unbedingt schwer zu kochen sind, aber Zeit brauchen, im Alltag sicher selten und freuen sich daher, wenn Sie sie serviert bekommen. Das kann auch ein Gulasch oder eine feine Bolognese sein, die eine lange Garzeit mit bestem Geschmack belohnen.

Wenn eine oder zwei Komponenten noch frisch zubereitet werden müssen, etwa Pasta oder kurz gebratenes Fleisch, ist auch das machbar. Versuchen Sie dann nur, alles Weitere bereitzuhalten, was Sie zum Servieren brauchen – bis zu den möglichst vorgewärmten Tellern.

Gerade wenn Sie an so einem Abend häufiger in die Küche verschwinden müssen, schaffen Sie einen klaren Rahmen für die Feier: Wenn alle versammelt sind, können Sie zum Auftakt mit einem Glas Champagner, Sekt oder Prosecco zum Anstoßen und einer feierlichen Einstimmung, zum Beispiel mit einer kurzen Rede, starten. Denken Sie auch an alkoholfreie Alternativen!

Abwechslungsreich und harmonisch

Es gibt bei einem Dinner grundsätzlich mehr zu beachten und zu durchdenken als bei einem Buffet: Die Gänge sollten nicht nur in sich stimmig sein, sondern untereinander harmonieren. Und auch wenn man die Speisen im privaten Umfeld serviert, ist das Ziel, dass es an das Erlebnis in einem Restaurant erinnert. Sprich: Alle sollten bei jedem Gang möglichst gleichzeitig etwas auf dem Teller haben, warme Speisen dürfen nicht schon abgekühlt sein. Das Essen sollte abwechslungsreich sein und allen schmecken. Letzteres ist eine Herausforderung, wenn Sie selbst über das Menü bestimmen und damit quasi einen Geschmack vorgeben. Besonders knifflig ist es, wenn Sie Menschen mit Abneigungen und Unverträglichkeiten unter den Gästen haben. Und die wird es sicher auch auf Ihrer Gästeliste geben.

✦✦✦

Fragen Sie möglichst vorher ab, ob es Allergien oder Dinge gibt, die ein Gast gar nicht mag, und stimmen Sie die Planung darauf ab. Bei einem Dinner ist das der beste Weg, bei einem Buffet können Sie davon ausgehen, dass jede/-r etwas findet, wenn Sie entsprechend vielfältig geplant haben und die gängigen Themen wie Veganismus, Vegetarismus, Laktose- und Glutenunverträglichkeit im Blick behalten. Bei einem gesetzten Dinner hilft dieses Vorwissen, Stress beim eigentlichen Event zu vermeiden. Denn dabei ist es nicht schön, wenn ein Gast oder gleich mehrere vielleicht ganze Gänge nicht essen können. Und spontan Lebensmittel auszutauschen, ist oft nicht einfach. Denken Sie auch hier an Vegetarier/-innen und Veganer/-innen – vielleicht gibt es eine einfache vegane Variante eines Gerichtes, wenn Sie bei der gefüllten Avocado zum Beispiel das pochierte Ei durch Gemüse ersetzen.

BUNTE - TIPP

Achtung bei typischen Delikatessen!

Seien Sie vorsichtig mit Delikatessen wie Kaviar, Austern, Wachteln oder Foie gras: So manchen Gourmet machen Sie damit vielleicht sehr glücklich, andere finden es geschmacklich geradezu abstoßend oder lehnen es aus moralischen Gründen ab, bestimmte Dinge zu essen. Auch Innereien wie Leber, Herz oder Zunge sind schlichtweg Geschmackssache. Und es wäre einfach schade drum, wenn einige Gäste das Servierte gar nicht essen. Wenn Sie so etwas zubereiten wollen, fragen Sie also lieber vorher ab, ob alle sich dafür begeistern können. Sonst verzichten Sie lieber darauf, und genießen Sie diese Dinge bei anderer Gelegenheit.

Entscheiden Sie, wie viele Gänge serviert werden sollen. Der Klassiker sind Vorspeise, Hauptgericht und Dessert. Als Erweiterung kann man als Start einen "Gruß aus der Küche" hinzufügen, einen Zwischengang nach der Vorspeise oder weitere Gänge. Nehmen Sie sich lieber nicht zu viel vor, sondern begrenzen Sie die Dinge, und konzentrieren Sie sich auf die Qualität. Passen Sie die Mengen an: Je mehr Gänge serviert werden, desto weniger üppig sollte der einzelne ausfallen – vor allem, was die Sättigungsbeilagen betrifft. Setzen Sie diese gegebenenfalls in kleineren Mengen ein, sonst können Ihre Gäste die späteren Gänge einfach nicht mehr richtig genießen.

✦✦✦

Die Vorspeise darf kalt sein, beispielsweise ein Salat. Diesen können Sie gut vorbereiten und kühl stellen, genau wie das Dressing. Danach kann eine Suppe folgen – ebenfalls ein Gang, der leicht vorzubereiten ist. Für das Hauptgericht stehen Sie dann vielleicht etwas länger in der Küche. Achten Sie jedoch auch hier darauf, dass möglichst viele Komponenten gut vorbereitet werden können oder schnell fertig sind. Wichtig: Der Hauptgang braucht bei einem mehrgängigen Menü nicht zu üppig auszufallen.

Hauptzutaten möglichst nicht wiederholen

Auch bei einem Menü sollten Sie die Zutatenliste frühzeitig zusammenstellen und nach Möglichkeit alles vorbestellen und/oder liefern lassen. Das spart Kräfte, die Sie für die Zeit am Herd gut gebrauchen können. Abwechslungsreiches Essen bedeutet: Auch wenn Sie Ziegenkäse lieben, sollte nicht jeder Gang diese oder andere Zutaten enthalten. Es sei denn, Sie feiern ein "Ziegenkäse-Dinner", etwa weil Sie selbst welchen herstellen oder wissen, dass alle Ihre Gäste ebenfalls große Fans sind. Sonst gilt: Die Hauptzutaten sollten sich in den einzelnen Gängen nicht wiederholen. Variieren Sie, und spielen Sie mit verschiedenen Aromen und Geschmacksrichtungen von süß, salzig oder bitter über sauer bis umami.

Wenn Sie durch einen Cateringservice oder eine/-n Mietkoch/-öchin kochen lassen, haben Sie selbst deutlich weniger Verantwortung und können sich ganz auf alles andere konzentrieren: Tisch decken, Getränke bereitstellen, dekorieren. In der eigenen Wohnung versorgt zu werden wie in einem Restaurant, ist auch ein tolles Gefühl – probieren Sie es mal aus! Alternativ können Sie sich auch bei der Zusammenstellung der Rezepte beraten lassen: Fragen Sie eine/-n Koch/-öchin, ob er oder sie Ihre Auswahl absegnen kann oder noch einige hilfreiche Tipps hat.

Es ist Spargelzeit!

Manchmal muss man die Feste einfach feiern, wie sie fallen, und beim Spargel ist es so, dass man ihn dann servieren sollte, wenn er frisch gestochen wird: Ab etwa Mitte April sind die ersten Stangen im Handel erhältlich, Ende Juni wird die Saison offiziell beendet. Liebhaber des feinen Gemüses essen ihn in dieser Zeit so oft wie möglich. Vielleicht haben Sie Lust, ein paar Gäste zum Spargelessen einzuladen? Ob als cremige Suppe, gegart oder mit den verschiedensten Soßenvarianten versehen: Das Gemüse ist ein Genuss und hat viele Fans.

Es überzeugt nicht nur mit seinem Geschmack und seiner Vielseitigkeit, sondern auch mit inneren Werten: Spargel enthält 93 Prozent Wasser und hat deshalb nur 18 Kalorien pro 100 Gramm sowie 0,1 Gramm Fett und 1,9 Gramm Kohlenhydrate. Er ist nährstoffreich, enthält neben entschlackender Asparaginsäure auch Kalium, Phosphor, Kalzium, Folsäure und viele Vitamine. Er kann sehr schnell wachsen, bis zu sieben Zentimeter am Tag. Und er muss behutsam geerntet und transportiert werden. Wenn Sie Spargel für Gäste zubereiten wollen, dann ist Frische das A und O – bestellen Sie beim Händler Ihres Vertrauens für den Tag Ihrer Einladung vor. Wenn Sie Spargel als Hauptgericht servieren, dann sollten Sie mit 500 Gramm pro Person rechnen, bei einer Beilage reichen 300 Gramm pro Person aus.

Sauce hollandaise

Vor-/Zubereitungszeit: ca. 30 Minuten

Zutaten für 4–6 Portionen

- 1 EL Weißweinessig
- 4 g weiße Pfefferkörner (angedrückt)
- 4 Eigelb (Eier: Größe M)
- 240 g geklärte Butter (sie sollte auf Handwärme abgekühlt sein; ersatzweise stattdessen auch flüssige "normale" Butter oder Butterschmalz verwenden)
- Salz, Pfeffer
- Saft von ½ Zitrone
- evtl. 1-2 EL Schnittlauchröllchen

1 In einem kleinen Topf 4 EL kaltes Wasser mit Essig und den Pfefferkörnern darin um ein Drittel einkochen. Die Flüssigkeit lauwarm abkühlen lassen, erst dann die Eigelbe hinzufügen und mit einem kleinen Schneebesen gründlich einrühren.

2 Weiterrühren und die Masse im Topf auf kleinster Stufe erhitzen. Darauf achten, dass der Schneebesen beim Schlagen Kontakt mit dem Topfboden hat, damit nichts ansetzen kann. Ständig weiterschlagen und dabei langsam die Hitzezufuhr leicht erhöhen. Hierbei jedoch darauf achten, dass die Soße während des Aufschlagens nicht heißer als 65 Grad wird. Die Soße sollte nun ganz langsam emulgieren und nach 8–10 Minuten dick und cremig sein.

3 Den Topf vom Herd nehmen, die geklärte Butter erst tropfenweise und dann in einem dünnen Strahl zufließen lassen. Dabei ständig mit dem Schneebesen weiterrühren. Soße mit Salz, Pfeffer und Zitronensaft abschmecken, evtl. noch Schnittlauchröllchen oder andere Kräuter unterrühren. Hollandaise durch ein Sieb streichen und servieren.

4 Und dazu: Spargel (man rechnet pro Person etwa 500 g Spargel) und Kartoffeln - neue Kartoffeln gern in der Schale gekocht.

Spargelcremesüppchen mit Kaviar-Toasties

Vor-/Zubereitungszeit: ca. 80 Minuten

Zutaten für 4 Portionen

- verschieden große Ausstechförmchen in Blütenform
- 4 Toastbrotscheiben
- 3–4 EL Butter
- 500 g weißer Spargel
- Salz, Pfeffer
- Zucker
- 2 kleine Zwiebeln
- 1 TL Mehl
- ca. 100 g Schlagsahne
- evtl. 1 TL Lecithin (für eine schön schaumige Konsistenz, man kann das Lecithin aber auch ersatzlos weglassen)
- 2–3 EL Zitronensaft
- 2 EL Kaviar (z. B. je 1 EL schwarzer Kaviar und orangefarbener Forellenkaviar)
- etwas Kresse (evtl. rote und grüne Shiso-Kresse) zum Garnieren

1 Aus den Toastbrotscheiben kleine Blüten ausstechen und diese in 1 EL Butter goldgelb braten. Beiseitestellen.

2 Spargel waschen und schälen, holzige Enden abschneiden. Spargelschalen in 1 Liter Wasser mit etwas Salz und Zucker darin ca. 15 Minuten kochen. Spargelfond durch ein Sieb in einen Topf gießen, Schalen wegwerfen. Spargelstangen im Fond in etwa 15 Minuten weich kochen. 4–5 Stangen in kleine Stücke schneiden und beiseitelegen.

3 Zwiebeln abziehen, würfeln, in der restlichen Butter (2 EL) glasig dünsten. Mehl darüberstäuben, kurz mitdünsten. Fond samt Spargel einrühren. Aufkochen und pürieren. Sahne und evtl. Lecithin zufügen, aufkochen. Suppe mit Salz, Zitronensaft und Pfeffer abschmecken. Mit Pürierstab schaumig mixen. Kurz vorm Anrichten den Kaviar auf den Toastblüten verteilen. Suppe in Teller schöpfen, Spargelstücke darauf verteilen. Suppe mit Kaviar-Toastblüten und Kresse garnieren.

Burrata auf Salat von Auberginen und Spargel

Vor-/Zubereitungszeit: ca. 65 Minuten

Zutaten für 4 Portionen

- 2 kleine Auberginen (à ca. 200 g)
- Salz, Pfeffer
- 1 Knoblauchzehe
- 7–8 EL Olivenöl
- 500 g dünner grüner Spargel
- 1 Bund Basilikum
- 5 EL Weißweinessig
- 1 EL Honig
- 1–2 TL eingelegter grüner Pfeffer
- ca. 3 kleine Kugeln Burrata (insg. ca. 200 g; ersatzweise cremiger Büffelmozzarella)
- evtl. 1 Handvoll essbare Blüten zum Garnieren (z. B. Hornveilchen)

1 Auberginen waschen, in ca. 5 mm dünne Scheiben schneiden. Die Auberginenscheiben in Salzwasser legen. Knoblauch abziehen, fein würfeln. Knoblauch mit 5 EL Öl mischen, mit Salz und Pfeffer würzen.

2 Auberginenscheiben abgießen, gut trocken tupfen, mit übrigem Olivenöl (2 EL) bepinseln. Auberginenscheiben in einer Grillpfanne oder unter dem heißen Backofengrill in ca. 5 Minuten goldbraun braten. Abkühlen lassen.

3 Spargel im unteren Drittel schälen, holzige Enden wegschneiden, dickere Stangen längs halbieren. Spargel mit 3 EL Knoblauchöl mischen und auf einem Blech verteilen. Unter dem heißen Backofengrill ca. 6 Minuten garen.

4 Etwas Basilikum zum Garnieren beiseitelegen. Übriges Basilikum hacken, mit restlichem Knoblauchöl (ca. 2 EL), Essig, Honig sowie grünem Pfeffer verrühren. Dressing mit Salz und Pfeffer abschmecken. Spargel und Auberginenscheiben mischen, damit marinieren. Burrata auspacken bzw. abtropfen lassen. Salat mit Burrata und Basilikum sowie evtl. mit Blüten garniert servieren.

Gedämpfter Ofenspargel zu rosa Kalbsfilet

Vor-/Zubereitungszeit: ca. 85 Minuten

Zutaten für 4 Portionen

- 2 kg weißer Spargel
- 120 g Butter
- Salz, 1 Prise Zucker, Pfeffer
- 1 kg Kartoffeln (mehligkochend)
- 100 g Katenschinken (gewürfelt)
- 1 Bund Petersilie
- ca. 700 g Kalbsfilet (ohne Fett und Sehnen)
- 2 EL Öl
- 70 ml Milch

1 Den Backofen auf 200 Grad (Umluft: 180 Grad) vorheizen. Spargel schälen und die holzigen Enden abschneiden. Spargel in einem tiefen Blech verteilen. 2 EL Butter mit Salz, Zucker und 250 ml Wasser aufkochen. Spargel damit übergießen und die Form gut mit Alufolie verschließen.

2 Spargel im vorgeheizten Ofen ca. 20 Minuten dämpfen. Inzwischen Kartoffeln schälen, würfeln, in Salzwasser in ca. 20 Minuten weich kochen. Schinken evtl. kleiner würfeln und in 1 TL Butter kross braten. Petersilie hacken, mit übriger Butter pürieren. Kalbsfilet abbrausen, trocken tupfen, mit Salz und Pfeffer einreiben. Filet in einer ofenfesten Pfanne im Öl rundum anbraten.

3 Die Ofentemperatur um 40 Grad verringern, Spargel noch 10 Minuten im Ofen ziehen lassen. Filet für die letzten 10 Minuten zum Spargel in den Ofen stellen.

4 Kartoffeln abgießen, zerstampfen. Milch aufkochen, mit der Petersilienbutter (bis auf 1 EL für die Soße) unters Püree rühren. Schinken unterheben. Fleisch in Folie gewickelt ruhen lassen. Spargel und Bratenfond mischen, aufkochen. Übrige Petersilienbutter zugeben, Soße salzen, pfeffern. Filet aufschneiden, mit Spargel, Soße und Püree anrichten. Als Garnitur: frittierte Petersilie.

Ofenspargel mit mediterraner Weinsoße

Vor-/Zubereitungszeit: ca. 60 Minuten

Zutaten für 4 Portionen

- 1 kg weißer Spargel
- 3 EL Olivenöl
- Meersalzflocken
- ½ Zitrone (Bio)

Für die Soße:

- 220 g Gemüsezwiebeln
- 70 g Lauch
- 50 g Staudensellerie
- 130 g Möhren
- 30 g getrocknete Tomaten
- 3 EL Olivenöl, Meersalz, Pfeffer
- 10 g Ingwer (fein gerieben)
- 1 TL getrocknete italienische Kräuter
- 70 g Cashewkerne
- 200 ml trockener Weißwein
- 2 TL Agavendicksaft
- 1 EL Zitronensaft
- fein abgeriebene Schale von ½ Zitrone

Für das Gemüse:

- 180 g Zucchini
- 80 g Möhren
- 2 Lauchzwiebeln
- etwas Olivenöl, Meersalz, Pfeffer
- 1 kleine Avocado
- 1 EL eingelegte Kapern

1 Den Backofen auf 170 Grad (Umluft: 150 Grad) vorheizen. Den Spargel schälen und holzige Enden wegschneiden. Spargel mit dem Öl mischen, dann auf einem mit Backpapier ausgelegten Blech verteilen und mit etwas Salz bestreuen. Die Zitrone heiß waschen, in Scheiben schneiden und die Scheiben darauflegen. Den Spargel im Backofen in 25 Minuten garen.

2 Die Zwiebeln abziehen und fein würfeln. Lauch, Sellerie sowie Möhre waschen, putzen bzw. schälen und klein schneiden. Getrocknete Tomaten fein schneiden.

3 Die Zwiebelwürfel im Olivenöl 5–7 Minuten anrösten. Lauch, Sellerie, Möhren, Ingwer, getrocknete Tomaten, Kräuter sowie Nüsse dazugeben und alles 5 Minuten braten.

4 Dann den Wein angießen und zur Hälfte einkochen. 300 ml Wasser dazugießen, aufkochen. Agavendicksaft, Zitronensaft und -schale zugeben und alles in einem Mixer fein pürieren. Soße durch ein Sieb streichen und mit Salz und Pfeffer abschmecken.

5 Zucchini, Möhre und Lauchzwiebeln waschen, putzen oder schälen und alles klein würfeln. Gemüsewürfel in einer Pfanne in Öl kurz anbraten. Mit Salz und Pfeffer würzen. Avocado halbieren, Kern entfernen und das Fruchtfleisch von der Schale lösen. Avocadofruchtfleisch fein würfeln.

6 Zum Servieren alles auf einer Platte anrichten.

Schälen braucht Geduld und Feingefühl

Das Schälen ist für viele eine Herausforderung. Gerade wenn Sie größere Mengen zubereiten wollen, sollten Sie sich dafür genug Zeit nehmen, damit Sie nicht in Hektik geraten. Legen Sie die Stangen eine nach der anderen in Ihre flache Hand, setzen Sie einen Schäler unter dem Kopf an, und ziehen Sie ihn nach unten. In der Nähe der Schnittenden können Sie mehr Schale wegnehmen, denn dort ist sie in der Regel dicker. Grüner Spargel muss nicht komplett geschält werden, bei ihm reicht es aus, wenn Sie das untere Drittel bearbeiten. Dabei können Sie am Schnittende beginnen und so weit schälen, wie es sich faserig anfühlt.

Folgende Tipps von Dreisternekoch Torsten Michel aus dem Gourmetrestaurant Schwarzwaldstuben in Baiersbronn helfen Ihnen dabei, Spargel perfekt zuzubereiten:

1. Woran erkennt man frischen Spargel?

An seinem angenehmen Geruch, seidigen Glanz und geschlossenen Köpfen. Zudem sollten die Schnittflächen noch feucht sein. Wenn Spargel Risse hat oder sich gar leicht biegen lässt, sollte man ihn besser liegen lassen. Für das Gemüse ist es optimal, wenn der Weg und die Zeit zwischen der Ernte auf dem Feld und dem Kochen im Topf möglichst kurz sind. Vielleicht finden Sie einen Spargelbauern in der Region: Wenn Sie Ihre Stangen von dort beziehen, können Sie ziemlich sicher sein, dass sie sehr frisch sind.

2. Welche Zubereitungsart ist die beste?

Hier gibt es keine klare Antwort, denn es eignen sich viele Methoden gut: Sie können die Stangen in einem hohen Topf, dem sogenannten Spargeltopf, garen – das ist der klassische Weg, der sehr gute Ergebnisse liefert. Ebenfalls gut funktioniert es aber, die Stangen in Backpapier einzuwickeln und bei 200 Grad Celsius im Backofen zu garen. Diese Methode nennt man "en papilotte". Ebenfalls perfekt laut Torsten Michel wird er "sanft in Butter gebraten, mit einem Spritzer Balsamicoessig und gehacktem Kerbel". Oder Sie dünsten den Spargel im eigenen Sud – dafür können Sie den Sud verwenden, in dem Sie eine vorherige Portion gedünstet haben.

3. Was kommt ins Kochwasser?

Schlicht und gut: nur Butter, Zitrone, Zucker und Salz. Bemessen Sie die Wassermenge eher knapp, und geben Sie noch eine Scheibe Weißbrot hinein: Das kann die Bitterstoffe binden.

4. Soll man die Schalen mit den geschälten Stangen kochen?

Torsten Michel sagt gegenüber BUNTE Genuss & Stil: "Ich würde den Spargel allein kochen. Die Schalen kann man im Spargelwasser auskochen, um noch einen guten Spargelfond zu erhalten."

5. Die beste Verwendung für den Sud?

Die Abschnitte der Spargelstiele in Butter mit Schalotte anschwitzen und Spargelfond auffüllen, etwas Weißwein und Sahne zum Verfeinern – fertig ist eine leichte Spargelcremesuppe. Tipp: eine rohe, geschälte Spargelstange zum Schluss in die Suppe mixen, denn das verstärkt den natürlichen Geschmack.

6. Was tun mit krummen Stangen?

Kaufen Sie sie auf jeden Fall, statt sie liegen zu lassen: "Nicht kaufen wäre schade und nicht nachhaltig. Für ein Ragout, eine Suppe oder im Salat lassen sie sich gut verwenden."

7. Welches Geheimnis steckt hinter einen perfekten Sauce hollandaise?

"Es muss reine Butter sein, nur aus frischem Rahm und ohne Zusätze diverser Öle. Bei der Verarbeitung sollte sie handwarm sein." Die Hollandaise sei hervorragend geeignet, um die eigene Kreativität zu beweisen, so der Meister: "Geben Sie zum Beispiel Kräuter, Tomaten, Kapern oder Zitrusfrüchte hinzu! Mein Tipp: einen Teil der geklärten Butter durch Hummerbutter ersetzen und die Soße mit kleinen Krevetten und Estragon verfeinern. Dann passt ein Stück gebratener Fisch perfekt dazu."

8. Kann man Spargel geschält einfrieren?

"Nein", sagt Michel. Auch ungeschält nicht. Sollten mal ein paar Stangen übrig bleiben, empfiehlt er die Verwendung in einem Salat.

9. Grüner und violetter Spargel

Für Michel ist grüner Spargel eine schöne Alternative zum weißen. Spargel mit violetten Spitzen kenne man aus der französischen Küche – "bei uns ist der weiße beliebter. Geschmacklich macht das keinen großen Unterschied."

"Klassisch gekochter Stangenspargel mit neuen Kartoffeln und Hollandaise. Dazu schmecken mir gekochte Kalbszunge, Kalbsschnitzel oder gebratener Fisch am besten."

Torsten Michels
persönliches Lieblingsrezept

Wenn Sie Spargel für Ihre Gäste zubereiten, sollten Sie das Timing sehr gut im Blick behalten. Denn Spargel muss exakt auf den Punkt gegart sein, weder zu weich noch zu roh. Und dann muss er auch schnell auf den Tisch. Bereiten Sie also alle weiteren Zutaten rechtzeitig vor, damit Sie das sensible Gemüse direkt aus Topf oder Backofen auf den Teller und weiter auf den Tisch befördern können.

Passende Weine

Zu Spargel schmeckt Wein hervorragend. Diese Sorten passen dazu:

1 Riesling ist mit seiner Spritzigkeit und Säurebetonung ein perfekter Begleiter, wenn grüner Spargel auf den Tisch kommt oder Spargel mit Fisch serviert wird.

2 Silvaner passt laut Winzer-/innen und Weinkenner/-innen besonders gut zu dem Gemüse. Das gelingt ihm mit seiner sanften Säure und eleganten Frucht. Silvaner ist cremig und zurückhaltend. Damit betont er die Vorzüge des Spargels.

3 Grauburgunder ist ein toller Partner für leichte Frühlingsgerichte – und damit natürlich auch für Spargel. Besonders zu klassisch zubereiteten Spargelvariationen mit Soßen harmoniert er. Etwas trendiger ist Weißburgunder: Mit seiner Cremigkeit und seinem besonderen Duft ist er ebenfalls ein sehr guter Spargelpartner.

So essen die Promis ihren Spargel am liebsten:

> „Für mich muss es immer viel Butter und Hollandaise geben und dazu gekochten Schinken."

Mareile Höppner (Moderatorin)

> „Die Kombi aus Spargel und Schnitzel ist eines meiner Lieblingsgerichte."

Felix von Jascheroff (Schauspieler)

> „Zum Spargel esse ich sehr gern Kartoffeln und Fisch statt Fleisch."

Silvia Schneider (Moderatorin)

> „Für mich kommt der beste Spargel aus Bayern. Ich brauche nur Butter und Salzkartoffeln dazu."

Michaela May (Schauspielerin)

So kommt Stimmung auf

Jedes Fest trägt Ihre Handschrift als Gastgeber/-in. Mit einfachen Kniffen und kleinen Details können Sie ganz einfach bewirken, dass sich ein roter Faden durch Ihr Event zieht. Das sorgt in der Regel dafür, dass die Gäste direkt nach dem Eintreffen losplaudern und sich dem Abend hingeben. Weil alles stimmig ist. Mit den folgenden Details unterstützen Sie eine gute Stimmung über die gesamte Zeit hinweg:

1 Musik

Schon wenn Ihre Gäste eintreffen, sollte im Hintergrund Musik laufen. Nicht zu laut und nicht zu leise. Wählen Sie etwas aus, das zur Location und zu dem, was hier passieren soll, passt: Ein Dinner braucht eher elegante, stimmungsvolle Klänge; bei einem Sommerfest darf es lockerer sein, und wenn Sie möchten, dass möglichst bald alle tanzen, dann können Sie schon gleich zu Beginn etwas aufdrehen und Songs spielen, bei denen man direkt mitwippen will. Stellen Sie vorab eine Playlist zusammen, oder wenn Sie eine/-n DJ/-ane engagieren, dann könnte der/die später beginnen oder auch direkt mit starten – das macht gleich klar, was hier geplant ist.

2 Ein Signature Drink

Wählen Sie einen "Drink des Abends" aus, den Sie als Signature Drink für diese Veranstaltung deklarieren. Entweder ist es ein Cocktail, den Sie selbst gern mögen, oder eine Kreation speziell für dieses Event. Bei Letzterem können Sie eine/-n Barkeeper/-in um Unterstützung bitten – vielleicht aus Ihrer Lieblingsbar? Oder Sie stöbern in Cocktailbüchern oder online nach Rezepten und wählen einen Drink aus, der zu Ihnen und zum Anlass passt. Wenn Sie zum Beispiel Lavendel lieben, könnten Sie einen Drink auswählen, der Noten davon enthält, etwa aus Lavendelsirup.

Am einfachsten ist es, wenn Sie jemanden engagieren, der Ihren Signature Drink vor Ort mixen kann. Oder Sie stellen alle Zutaten auf einem Tablett bereit, dazu Gläser und das Rezept – dann können Ihre Gäste sich den Cocktail selbst mixen. Es findet sich immer jemand, der daran Spaß hat, und es kann sehr kommunikativ sein.

3 Versprühen Sie Komplimente!

Ein Event ist dazu da, um das Leben und seine Gäste zu feiern. Wenn Ihnen an Ihren Gästen etwas positiv auffällt, dann gilt bei einer Einladung mehr denn je: Sagen Sie es! "Tolles Kleid!", "Wow, du siehst so frisch aus!" oder "Ich freu mich so, dich zu sehen – dein Lachen ist wie immer so herrlich ansteckend!" – jede/-r freut sich über ein Kompliment und ist dann noch besser gelaunt. Diese Stimmung kann sich auf alle übertragen. Als Gastgeber/-in bekommen Sie sicher auch viele Komplimente. Wenn Sie selbst bewusst mindestens genauso viele verteilen, potenziert sich die Freude.

4 Seien Sie als Gastgeber/-in präsent!

Sie sollten sich bei Ihrer eigenen Veranstaltung nicht damit stressen, dass Sie mit allen Gästen ausführlich reden wollen beziehungsweise müssen: Bleiben Sie entspannt, und schauen Sie einfach, was Sie schaffen und was sich für Sie gut anfühlt. Versuchen Sie aber durchaus, immer mal wieder die Gesprächspartner/-innen zu wechseln und bei mehreren Räumen auch die unterschiedlichen Schauplätze des Festes zu besuchen. Bleiben Sie einfach sichtbar, statt sich in einem Gespräch festzureden und nicht mehr aus dieser Ecke wegzugehen. Sie können zum Beispiel immer mal wieder zu einer Flasche Crémant greifen und nach Gläsern suchen, die nachgefüllt werden sollen. So haben Sie zumindest kurz Kontakt zu mehreren Menschen, aber auch einen Grund, um direkt weiterzuziehen – und viele Gäste sehen Sie immer mal wieder vorüberlaufen. Beim Begrüßen und Verabschieden von Gästen sollten Sie in jedem Fall präsent sein. Halten Sie sich nur nicht zu lange damit auf, sonst verbringen Sie einen Großteil des Abends an der Tür und im Flur.

Signature Drinks

Sage Brown Derby

Vor-/Zubereitungszeit: ca. 10 Minuten

Zutaten für 4 Gläser

- 1 Limette (Bio)
- 200 ml Whisky
- 100 ml Grapefruitsaft
- 2–3 Handvoll Eiswürfel
- 5–8 Salbeiblättchen

1 Die Limette halbieren und den Saft auspressen. Whisky mit Grapefruit- sowie Limettensaft gut verrühren.

2 Eiswürfel in die Gläser füllen, Cocktail darübergießen. Salbeiblätter dazugeben und den Drink gleich servieren.

Rhabarber-Aperol

Vor-/Zubereitungszeit: ca. 10 Minuten

Zutaten für 4 Gläser

- 1 kleine Orange (Bio)
- 4 kleine Basilikumstängel
- 18–20 Eiswürfel
- 160 ml Aperol
- 200 ml Prosecco (gekühlt)
- 200 ml Rhabarbersaft
- 100 ml Mineralwasser

1 Die Orange heiß waschen, in feine Spalten schneiden und evtl. Kerne entfernen. Basilikumblättchen abzupfen. Orangenspalten, Basilikumblätter und Eis in Gläser verteilen.

2 Aperol, Prosecco, Rhabarbersaft und Mineralwasser mischen und darübergießen.

Sommer

Jetzt wollen wir nach draußen: Das Wetter lädt zu Feiern im Freien ein. Wir zeigen in diesem Kapitel, was es für eine gelungene Einladung an der frischen Luft braucht, wie ein Picknick unvergesslich wird und wie Sie das perfekte Steak grillen.

Ein Gruß kommt selten allein

Der Grill ist schon angeheizt, und der Duft eines warmen Tages liegt in der Luft. Die Menschen sind gelöst und gut gelaunt: Im Sommer zu feiern, ist besonders schön! Die Hitze hält sich oft bis in die Nacht, sodass man unendlich lang draußen sitzen, reden, trinken und lachen kann. In der warmen Zeit haben die meisten besonders viel Spaß am Beisammensein, man spürt das Leben intensiver und hat einfach mehr Lust auf Genuss und kleine Auszeiten.

Damit eine Party gut wird, sollte von Anfang an alles stimmig sein. Auf den kommenden Seiten geben wir Tipps, wie Sie Ihr Fest gerade auch im Sommer gut vorbereiten und selbst voller Freude genießen können.

Willkommen!

Es ist eigentlich selbstverständlich, dass Sie alle Gäste persönlich begrüßen und kurz Zeit für sie finden. Doch wenn Sie als Gastgeber/-in im Stress sind, dann wird das zu einer großen Herausforderung. Auch gegen Hektik an der Tür helfen gute Planung und Vorbereitung. Wenn ein Gast nach dem anderen klingelt, sollten Sie zwischendurch trotzdem immer wieder durchatmen und sich bewusst auf den oder die Nächste/-n einstellen. Vielleicht kann Ihnen jemand zur Hand gehen, Blumen abnehmen, die Garderobe zeigen und Gäste, die Sie direkt in Beschlag nehmen, charmant ablenken und weglotsen. So können Sie direkt weiter umarmen und den nächsten Gästen die Aufmerksamkeit schenken, die diese verdienen. So fühlen sich alle von Herzen willkommen.

"Auf euch!"

Die wenigsten Menschen sprechen gern vor Gruppen – auch wenn es in der Regel keinen Grund gibt, nervös zu sein. Bei Ihrer eigenen Feier ist sicher: In diesem Rahmen sind Ihnen alle wohlgesonnen, niemand erwartet eine perfekte Ansprache. Vielmehr macht sogar etwas Unsicherheit den Charme einer persönlichen Rede aus. Die Gäste freuen sich einfach, wenn Sie ein paar Worte an sie richten. Das gibt dem Fest einen guten Rahmen und ist wie ein offizieller Startschuss, der die Eingeladenen noch einmal auf alles, was noch kommt, einstimmen kann.

✦✦✦

Eine sehr charmante Variante, die Ihnen sicher leichtfallen wird, ist, alle Gäste kurz vorzustellen. Schauen Sie in die Runde, und fangen Sie einfach an, zu jedem Gesicht ein paar Sätze zu sagen: sein oder ihr Name und woher Sie sich kennen oder was ihn oder sie ausmacht. Die beste Freundin, der witzigste Freund, die Globetrotterin, der Wissenschaftler, der supernette Kollege, mit dem Sie am liebsten lunchen, der alte Freund, mit dem Sie gern joggen, oder die Nachbarin, mit der sie gern über Philosophie diskutieren – was auch immer Sie über diese Person mit wenigen Worten sagen können und was sie oder Ihre Freundschaft ein wenig charakterisiert, passt. Nennen Sie Details, die Lust auf ein Gespräch mit der Person machen.

Mit so einer Vorstellungsrunde fühlt sich ganz automatisch jeder gesehen und willkommen, alle in der Runde erfahren etwas über die anderen Gäste, und es gibt viele Anknüpfungspunkte für den Abend.

> “Es ist charmant, als Gastgeber eine kleine Ansprache zu halten. Aber bitte nicht spießig, sondern mit Esprit. Eine Rede muss sein wie ein Minirock – kurz und sexy!”
>
> Lilly zu Sayn-Wittgenstein (Prinzessin, Unternehmerin)

Ganz wichtig: Sie sollten sich bei einer Rede immer kurz halten! Mehr als ein paar Minuten sollte sie nie dauern. Alles, was länger ist, hält Sie nur vom Feiern ab. Machen Sie sich ruhig vor dem Termin ein paar Stichpunkte, und nehmen Sie diese auch zur Hand – Sie treten hier nicht zu einem Gedichtwettbewerb oder einer Prüfung an, ein kleiner “Spickzettel” ist absolut legitim. Reden Sie nicht zu schnell, zu leise und undeutlich – sondern langsam, deutlich und laut genug. Auch wenn Sie gern zeigen können, wie Sie sich darüber freuen, dass alle versammelt sind: Behalten Sie es lieber für sich, wenn Sie unsicher sind oder aufgeregt, und sprechen Sie es nicht an. Denn damit würden Sie dieses Gefühl vielleicht verstärken. Konzentrieren Sie sich besser auf Ihre Stichworte, und reden Sie einfach locker los. Ein klassisches “Pling-Pling” an ein Glas verschafft Ihnen die nötige Aufmerksamkeit.

Praktische Hinweise

Beschreiben Sie auch kurz, was die Gäste an diesem Abend alles erwartet: Sie müssen nicht zu viel verraten, aber ein kleiner Ausblick aufs Essen macht allen Appetit. Wenn es wichtige Hinweise zu erläutern gibt, wie zum Beispiel, wo geraucht werden darf oder ob es beim Essen etwas zu beachten gibt, dann kommunizieren Sie diese ebenfalls. Das erspart Ihnen entsprechende Fragen den Abend über. Danken Sie auch allen Helfer/-innen, die an dem Fest mitwirken – und Ihren Gästen fürs Kommen. Wünschen Sie allen eine gute Zeit, und fordern Sie durchaus noch einmal aktiv dazu auf, alles auszukosten: “Trinkt! Esst! Feiert! Und lasst uns gemeinsam jeden Moment dieses Abends miteinander genießen – cheers!”

✦✦✦

No-Gos bei der Eröffnungsrede oder einem Toast sind: schlechte Witze, Dinge über Gäste zu erzählen, die diese nicht in großer Runde veröffentlicht wissen wollen, und alles, was den Anwesenden die Schamesröte ins Gesicht treiben würde. Es versteht sich von selbst, dass Sie solche Dinge nicht laut sagen und auch sonst nicht in großer Runde ausplaudern. Ihre Rede als Gastgeber/-in bietet die Chance, dass Sie sich zeigen, zu Beginn der Veranstaltung sichtbar machen und entsprechend Wertschätzung erfahren. Nutzen Sie diese Chance, ohne sich zu viele Gedanken darüber zu machen, wie Sie wirken könnten. Sie mögen Ihre Gäste, und Ihre Gäste mögen Sie!

Draußen feiern

Outdoor-Partys haben ihren eigenen Charme – aber auch ihre Herausforderungen. Mit diesen sieben Tipps sind Sie gut auf Mückenangriffe und Co. vorbereitet:

1 Sonne ist toll – zu viel davon aber schwierig. Sorgen Sie an heißen Tagen bei Ihrem Event für ausreichend Möglichkeiten zur Abkühlung: Stellen Sie einen großen Sonnenschirm auf, oder planen Sie Sitzbereiche bewusst im Schatten, stellen Sie genug kühle Getränke bereit und vielleicht ein paar Fächer in einem schönen Gefäß. Auch ein, zwei Flaschen Sonnencreme zur Verfügung zu stellen, ist im Sommer eine schöne Geste, vor allem wenn das Fest bereits am Tag beginnt. Niemand soll am nächsten Tag mit hochrotem Kopf aufwachen.

2 Stellen Sie Mückenschutz bereit – und den nicht zu knapp. Als Hausmittel gegen die Plagegeister gelten ätherische Öle, vor allem Zitrusöle. Diese können Sie über Kerzen in der Luft verbreiten. Außerdem soll es helfen, gemahlenen Kaffee auf einer feuerfesten Unterlage anzuzünden, diesen Duft mögen Mücken nicht. Und wenn Sie im Garten Tomaten, Lavendel oder Minze pflanzen, kann das langfristig helfen. Dass Licht Mücken anzieht, ist inzwischen übrigens widerlegt.

Denken Sie auch daran, Speisen wenn möglich immer abzudecken, um sie vor Wespen zu schützen. Wenn es heiß ist und viele Insekten unterwegs sind, sollten Sie ein Buffet besser drinnen aufbauen, draußen essen können die Gäste ja trotzdem. Gebrauchtes Geschirr sollte entsprechend schnell abgeräumt und an einem Ort gelagert werden, wo es eher keine Insekten anzieht.

3 Legen Sie Decken bereit für alle, die leicht frösteln. So verlängern Sie auch die Zeit, in der alle draußen bleiben können.

4 Genug Sitzgelegenheiten sollte es auch geben – wenn Sie robuste Kissen haben, kann man sich damit auch auf Steinmauern oder den Rasen setzen. Sie können mit einer Decke und einigen Kissen eine schöne kleine Insel im Picknickstil auf der Wiese schaffen, auf der man sich gemütlich zusammensetzen oder sogar -legen kann. Das macht eine ganz besonders schöne Stimmung.

5 Das Wetter – man kann es nicht beeinflussen, es ist aber einer der wohl wichtigsten Punkte für eine Outdoor-Party. Auch wenn es selten mehrere Stunden wirklich stark regnet, kann man bei Regen einfach nicht draußen feiern, und auch wenn es zu frisch ist, haben Ihre Gäste keinen Spaß. Überlegen Sie deshalb schon in der Planungsphase, wohin Sie auch während der Veranstaltung selbst noch entfliehen können, falls es wirklich zu regnen beginnt oder im Laufe des Abends zu kalt werden sollte. Und wenn es vor dem Event regnen soll, für die Zeit des Feierns selbst aber wieder gutes Wetter angesagt ist, dann bereiten Sie sich darauf entsprechend vor: Wischen Sie alle Möbel rechtzeitig trocken, und räumen Sie Essen und Co. erst ins Freie, wenn der Schauer vorbei ist. Leichtem Regen kann man im Sommer, wenn es warm ist, auch mit großen Schirmen trotzen. Wenn es sehr kühl wird: Heizpilze sind klimaschädlich, und in einigen Städten ist ihr öffentlicher Einsatz sogar verboten. Privat darf man sie jedoch aufstellen, und Sie können sie mieten. Wägen Sie ab, ob Sie wirklich "um jeden Preis" draußen feiern wollen oder ob es eine Möglichkeit gibt, nach drinnen auszuweichen. Natürlich ist die Vorstellung eines lauschigen Sommerfestes unter freiem Himmel sehr schön – aber hängen Sie auch nicht zu sehr an dieser Vorstellung, sondern treffen Sie besser anhand der Fakten eine Entscheidung.

6 Sichern Sie Gewässer gründlich ab. Wenn es dunkel ist, kann es ziemlich unangenehm sein, aus Versehen in einen Teich zu tapsen. Es kann aber auch gefährlich werden, vor allem wenn Kinder unter den Gästen sind oder reichlich Alkohol fließt. Pool oder Teich sollte gegebenenfalls abgesperrt oder durchgehend beaufsichtigt werden. Und geben Sie allen Gästen Bescheid, dass es ein Gewässer gibt, welche Schutzmaßnahmen Sie ergriffen haben und um welches Verhalten Sie gegebenenfalls bitten.

7 Nicht vergessen: Sagen Sie Ihren Nachbarn Bescheid! Wenn sich plötzlich mehrere Dutzend Menschen in Ihrem Garten bis tief in die Nacht unterhalten und lachen und auch noch Musik läuft, sollten

die Nachbarn darauf vorbereitet sein. Sagen Sie Ihnen am besten schon mindestens zwei, drei Wochen vor dem Event, was Sie planen, damit sie darauf vorbereitet sind. Wenn sie rechtzeitig Bescheid wissen, können sie sich zum Beispiel überlegen, ob sie an diesem Abend lieber ausgehen oder gleich für ein ganzes Wochenende wegfahren. Wenn Sie sich gut mit den Nachbarn verstehen, ist es natürlich eine schöne Geste, diese zum Fest einzuladen. Tun Sie es aber nicht aus übertriebener Höflichkeit: Sie sind niemandem etwas schuldig, und solange Sie sich an die gesetzlichen Regelungen halten, dürfen Sie auf Privatgelände bedenkenlos feiern.

BUNTE - TIPP

Die **Rechtsprechung zum Thema Privatpartys** ist nicht eindeutig geregelt. Auf der sicheren Seite sind Sie aber, wenn Sie nicht zu oft feiern – etwa einmal pro Monat gilt als absolut angemessen. Sie sollten nicht zu laut sein und auch nicht auf andere Weise stören, das betrifft Musik und Gespräche, aber natürlich sollten Ihre Gäste auch nicht einfach unerlaubt andere Grundstücke betreten. Die offizielle Nachtruhe beginnt in der Regel um 22 Uhr, auch am Wochenende. Nehmen Sie Rücksicht, und übertreiben Sie es nicht, dann sollten Ihre Nachbarn milde gestimmt sein.

Das passende Licht

Wenn es draußen immer dunkler wird, dann haben Lichterketten, Windlichter und Teelichter ihren Auftritt: Sie beleuchten die Nacht besonders sanft, schaffen eine ganz eigene Stimmung und schmeicheln dem Teint. Für eine Party werden Sie wahrscheinlich mehr dieser

Accessoires brauchen, als üblicherweise in Ihrem Garten stehen. Um die passende Dosis zu ermitteln, probieren Sie vor Ihrem Event ruhig mal an einem Abend aus, wie viele Lichter zu Ihrer Location passen. Es sollte so hell sein, dass man die anderen Anwesenden und Hindernisse auf dem Boden gut erkennt. Schließlich soll man weder im Dunkeln sein Glas nicht mehr wiederfinden noch über eine Schwelle am Boden stolpern.

Was man vermeiden sollte, ist zu grelles Licht. Wenn Ihre Terrassenbeleuchtung eher Flutlichtcharakter hat, dann lassen Sie sie an diesem Abend aus, und setzen Sie konsequent auf Alternativen.

Ein Barbecue

Im Sommer wollen alle grillen: Draußen essen, Leckereien vom Rost genießen und in warmen Nächten stundenlang auf Terrasse, Balkon oder im Garten zu sitzen, ist einfach ein tolles Erlebnis.

Die Vorbereitung eines Grillfestes ist überschaubar, unterschätzen sollten Sie sie jedoch auch nicht. Allein das komplette Geschirr und alle Lebensmittel hinauszutragen, macht Arbeit und braucht seine Zeit. Daher gilt auch hier, dass eine durchdachte Planung goldwert ist und Ihnen jede Menge Stress bei dem Event selbst erspart. Folgende Dinge sollten Sie vorab bedenken:

1 Sie sollten ausreichende Sitzgelegenheiten haben. Mit Bierbänken kann man schnell und einfach viele davon schaffen. Wenn Sie so viele Plätze haben, wie Sie Gäste erwarten, ist das perfekt. Bei einer größeren Runde und einem Buffet ist es auch völlig in Ordnung, weniger zu haben. Dann essen nicht alle gleichzeitig, und bei einem lockeren Grillabend isst auch so mancher im Stehen mit dem Teller in der Hand. Damit die Bänke bequem sind, sollten Sie sie mit Polstern oder Kissen ausstatten. Eine Tischdecke ist zu empfehlen, sie sollte nur unbedingt nicht zu lang sein, sonst wird sie beim Hinsetzen oder Aufstehen schnell "mitgerissen". Passende Sets aus Tischdecken und Polstern gibt es für Biergarnituren in vielen Farben zu kaufen.

2 Es sollte genug Schatten geben - sowohl beim Sitzen als auch beim Stehen. Wenn die Fläche komplett von Sonne beschienen wird, sollten Sie Schirme aufstellen oder Sonnensegel anbringen.

3 Wenn es kein Personal gibt, das beim Grillfest helfen kann, dann stellen Sie möglichst viele Dinge so auf, dass die Gäste sich selbst bedienen können - zum Beispiel Getränke, die Sie in Wannen voll Eis in den Schatten stellen, mit einem griffbereiten Öffner dazu plus einer Schale für Kronkorken. Wenn Sie die Möglichkeit haben, stellen Sie am Tag des Festes einen Kühlschrank nach draußen, in dem Sie die Getränke aufbewahren können.

4 Auch Gläser, Geschirr, Besteck und Servietten können Sie auf einem Tisch so abstellen, dass sich jeder dort die benötigten Teile nehmen kann. Denken Sie genauso an eine Ablage für benutztes Geschirr, zum Beispiel einen großen Korb. Viele Gäste helfen gern, indem

sie solche kleinen Handgriffe selbst erledigen – wenn alles intuitiv auffindbar ist, bleiben Ihnen viele Nachfragen erspart.

5 Tragen Sie möglichst vor dem Fest alles nach draußen, was keinen besonderen Schutz vor der Sonne benötigt. Das soll verhindern, dass Sie, während schon die Gäste da sind, ständig nach drinnen laufen müssen, um noch Dinge zu holen. Denken Sie auch an die Accessoires wie Flaschenöffner, Feuerzeug, Aschenbecher, Teelichter oder das Grillbesteck. Gehen Sie den Ablauf des Abends vorher im Kopf durch, und überlegen Sie, was Sie alles brauchen könnten – schreiben Sie bei Bedarf eine Liste, damit Sie in den Stunden vor dem Fest nichts vergessen.

6 Alles, was Schutz braucht, insbesondere empfindliche Lebensmittel wie rohes Grillfleisch, sollten Sie in der Küche bereitstellen – abgedeckt oder noch im Kühlschrank. Auch hier ist es nicht übertrieben, wenn Sie sich vorab eine Liste machen, was Sie zum Grillstart alles noch rausbringen wollen. Die Liste kann einerseits dafür sorgen, dass Sie nichts vergessen und am nächsten Morgen noch einen Stapel Grillkäse im Kühlschrank vorfinden. Andererseits kann anhand einer gut aufgeschriebenen Aufstellung auch jemand anders diese Aufgabe übernehmen, und Sie sind entlastet.

7 Für den Grill sollte sich eine Person verantwortlich fühlen – oder ein kleines Team, das sich untereinander abspricht und auch mal abwechselt. Wichtig ist, das Timing im Blick zu behalten: Wann soll das Essen auf dem Tisch sein? Entsprechend lange vorher muss der Grill angeheizt werden, und alles muss bereitstehen. Übernehmen Sie die Verantwortung für dieses Thema möglichst nicht selbst, wenn Sie gleichzeitig ein Auge auf viele andere Dinge haben wollen. Die Person

am Grill sollte eine Ablösung haben, um selbst auch etwas essen zu können oder einfach eine Pause zu bekommen, denn die Hitze am Rost ist über längere Zeit durchaus eine Herausforderung. Damit nichts anbrennt und alles rechtzeitig auf die Teller kommt, muss man sich zudem durchaus konzentrieren, während man meist immer wieder ins Gespräch mit Gästen kommt – was schön ist, aber eben auch Energie kostet. Die Position am Grill ist für ein Barbecue nicht zu unterschätzen: Sie sollte jemand übernehmen, der schon etwas erfahren ist und auch Lust darauf hat. Denn wenn alles anbrennt oder halbroh ist, betrifft das hier schließlich die kulinarische Versorgung.

Tipps für richtig gutes Grillgut:

1 Sie sollten beim Grillen immer besonders auf Hygiene achten: Setzen Sie zum Beispiel rohes Fleisch nie längere Zeit der Sonne aus. Bevor es auf den Grill kommt, sollte es zwar Raumtemperatur haben, aber lassen Sie es niemals so auftauen, sondern immer im Kühlschrank. Wenn die Fleischstücke beim Grillen Raumtemperatur haben, garen sie gleichmäßiger.

2 Waschen Sie sich immer gut die Hände, vor allem vor und nach dem Kontakt zu rohem Fleisch, und legen Sie Rohes und fertig Gegrilltes niemals auf denselben Teller. Nutzen Sie extra Geschirr und unterschiedliche Messer, und achten Sie darauf, dass das auch im Partygewusel nicht untergeht. Bringen Sie Teller, auf denen rohes Fleisch lag, am besten direkt in die Küche, und räumen Sie sie in die Spülmaschine. Garen Sie Fleisch immer gut durch, vor allem Geflügel – es sollte eine Kerntemperatur von mindestens 77 Grad Celsius haben, was Sie mit einem Fleischthermometer messen können.

3 Fleisch immer waschen, danach aber trocken tupfen, zum Beispiel mit einem Küchentuch. Wenn noch Feuchtigkeit am Fleisch haftet, verdunstet diese zuerst und nimmt damit Wärme.

4 Bei Steaks sollten Sie die Fettschicht bis auf fünf Millimeter Dicke abschneiden, sonst kann es durch den Rost tropfen und die Flammen anfachen. Wenn die Flammen doch mal hochschlagen, sollte man sie nicht mit Bier ablöschen. Das löscht nur die Kohle, und der Schwall könnte Asche ans Fleisch wirbeln. Wenn Sie kleinere Flammen löschen wollen, dann stellen Sie dafür einen Blumensprüher bereit, der nur mit klarem Wasser gefüllt ist.

5 Wenden Sie Steaks auch möglichst nur einmal – immer mit einer Grillzange, nie mit einer Gabel, denn wenn Sie damit in das Fleisch stechen, tritt zu viel Saft aus, und es wird trocken. Um Trockenheit zu vermeiden, sollten Sie auch Salz entweder eine halbe Stunde vor dem Grillen auftragen oder erst wieder, wenn es auf dem Teller liegt.

6 Vorheizen ist wichtig: Haben Sie Geduld, und legen Sie das Grillgut nicht zu früh auf den Rost. Bei Holzkohle dauert das etwa 30 bis 40 Minuten – erst wenn die schwarzen Kohlen mit einer grauen Schicht überzogen sind, ist die Temperatur wirklich gut. Wer mit Gas grillt, kann schon nach etwa zehn Minuten starten. Niemals Spiritus zum Anfeuern benutzen: Sein "Aroma" geht aufs Grillgut über, und es können gefährliche Stichflammen entstehen.

7 Auch wenn man Grillen klassisch immer mit Fleisch verbindet, erobert längst auch Gemüse den Rost: Es lassen sich so viele Sorten zubereiten, dass man auch ein großartiges rein vegetarisches Barbecue bestreiten kann. Es eignet sich vor allem Gemüse, das eher wenig Wasser enthält und schnell gar ist, zum Beispiel Mais, Paprika oder Pilze. Diese können einzeln gegart werden, in Schalen oder kleinen Päckchen. Dazu passen Zitrone, Kräuter und Butter. Kleine Stücke können Sie auch gut auf Spießen aufreihen. Dann sind sie viel leichter zu handhaben und können unkompliziert gewendet werden. Andere vegetarische Alternativen zum Fleisch sind Grillkäse und Räuchertofu: Beides kann man unkompliziert zubereiten, und mit Kräutern und passenden Marinaden ist es sehr, sehr lecker.

8 Bezüglich der benötigten Mengen können Sie mit rund 250 Gramm Grillgut pro Person rechnen – egal ob es Fleisch ist oder vegetarische oder vegane Alternativen. Wenn es dazu noch Brot und Salate und vielleicht Grillkartoffeln gibt, werden sicher alle satt.

9 Mit einer selbst gemachten Marinade, egal ob für Fleisch oder Gemüse, können Sie immer punkten. Außerdem wird bei Fleisch, das schon eingelegt gekauft wurde, oft eine eher schlechte Qualität versteckt. Grundsätzlich sollte jede Marinade für Fleisch eine Säure enthalten, zum Beispiel in Form von Fruchtsaft oder Essig. Bei Mischungen mit Zucker sollten Sie darauf achten, dass diese erst kurz vor Ende des Garvorganges auf das Grillgut gepinselt werden. Denn Zucker verbrennt schnell, vor allem bei den hohen Temperaturen des Grills.

10 Ketchup, Mayo und andere Grillsoßen können Sie ebenfalls selbst machen – das macht Spaß und erspart jede Menge Zusatzstoffe. Bereiten Sie nur nicht zu große Mengen zu, da sich die Mischungen nicht so lange halten.

11 Auch Desserts kann man wunderbar auf dem Grill zubereiten, vor allem Früchte wie Pfirsich oder Banane entfalten ihr tolles Aroma.

12 Wie lange die einzelnen Lebensmittel auf dem Rost bleiben müssen, hängt unter anderem von deren Größe als auch Menge ab. Je dichter der Rost belegt ist und je dicker die Stücke sind, desto länger dauert es. Als Barbecue-Master oder -Mistress sollten Sie den Überblick behalten, wann Sie was abgelegt haben. Das klappt zum Beispiel gut, wenn man von links nach rechts ablegt und dann regelmäßig alles nachrücken lässt.

13 Wenn Sie schneller grillen, als die Gäste essen können, nehmen Sie das Grillgut trotzdem vom Rost, und packen Sie es in Alufolie. So bleibt es warm, trocknet aber nicht aus.

14 Am Ende muss der Grill gereinigt werden. Das geht gut mit einer Drahtbürste und am besten, wenn der Grill noch warm ist. Wer direkt nach dem Grillen keine Lust darauf hat, hat es später schwerer. Ab und zu sollte man den Rost zudem einölen, zum Beispiel mit Sonnenblumenöl.

15 Bei den Getränken zum Grillen können Sie auf gut gekühltes Bier und alkoholfreie Alternativen setzen. Limonaden schmecken vielen gut, Sie können sie in Flaschen kaufen oder selbst herstellen, zum Beispiel indem Sie 200 Milliliter Zitronensaft mit 800 Milliliter sprudelndem Mineralwasser aufgießen. Rund 150 Gramm Rohrzucker unterrühren und Eiswürfel hinzugeben.

16 Denken Sie auch bei einem Barbecue an passende Musik! Sie sollten es nicht übertreiben und gleich die ganze Nachbarschaft beschallen, aber eine lässige Hintergrundmusik hebt immer die Laune. Ein Barbecue ist ein eher ungezwungenes Fest, entsprechend locker sind auch Dresscode und Stimmung. Wenn Sie es edler wollen, teilen Sie das Ihren Gästen in der Einladung unmissverständlich mit, und bitten Sie um ein elegantes Outfit. Dann kann auch mal die weiße Tischdecke auf den Gartentisch kommen, das Geschirr ist etwas gehobener, und es werden keine schnöden Nullachtfünfzehn-Würstchen serviert, sondern etwas ausgefallenere Kreationen – durch Marinaden aromatisiert oder beispielsweise schon in der Herstellung mit Kräutern oder ähnlichen geschmacksintensiven Zutaten auf das nächste Level gehoben. Alternativ kann auch ein einfaches, gutes Bio-Steak ein echtes Geschmackserlebnis sein, und es lenkt den Fokus darauf zurück, dass man besser einzelne Dinge genießen als in Völlerei verfallen sollte. Das tut Körper und Seele gut!

Das Steak grillen Step by Step:

Ein Tomahawk-Steak mit ein paar Tropfen Olivenöl einreiben. Alternativ kann man den Rost mit etwas Rapsöl einfetten. Fleisch auf den Rost legen, von jeder Seite ein paar Minuten anbraten. Dann darf es im indirekten Bereich des Grills bei weniger Hitze weiterbraten.

Jetzt darf schon Pfeffer auf das Fleisch. Entweder aus dem Pfefferstreuer, oder man zerstößt die Körner im Mörser und gibt sie über das Fleisch. Ganz zum Schluss sollte man das Steak noch einmal kurz ins Feuer halten. Dann in Folie packen und wieder bei wenig Hitze ein paar Minuten ziehen lassen. Aus der Folie wickeln, anrichten – und jetzt erst salzen, idealerweise mit Salzflocken. Aufschneiden und genießen.

Spareribs in würziger Biermarinade

Vor-/Zubereitungszeit: ca. 105 Minuten
plus Marinierzeit: ca. 12 Stunden

Zutaten für 6 Portionen

- 3 kg Schweinerippchen (Spareribs; am besten bereits vom Fleischer in Portionsstücke teilen lassen)
- 4–5 Knoblauchzehen
- 500 ml dunkles Bier
- 1 TL Meersalz
- 4 EL brauner Zucker
- 1–2 TL Cayennepfeffer
- 1 TL gemahlener Zimt
- Pfeffer

1 Rippchen in einem großen Topf mit Wasser bedecken, zum Kochen bringen. Dann die Hitze reduzieren und die Rippchen 40 Minuten köcheln lassen.

2 Knoblauchzehen abziehen, halbieren und mit allen übrigen Zutaten in einem flachen Gefäß vermengen.

3 Die Rippchen aus dem Wasser nehmen, mit heißem Wasser abbrausen und trocken tupfen. Dann in die Marinade legen und darin abkühlen lassen. Rippchen im Kühlschrank zugedeckt ca. 12 Stunden marinieren lassen, dabei immer wieder wenden.

4 Rippchen aus der Marinade nehmen, abtropfen lassen und auf dem Grill bei direkter mittlerer Hitze etwa 20 Minuten grillen. Dabei immer wieder wenden.

5 Rippchen vom Grill nehmen und rundum mit der Marinade bestreichen. Rippchen in Alufolie wickeln und für ca. 30 Minuten auf den Grill zurücklegen. Spareribs auswickeln, mit Salz und Pfeffer würzen und servieren. Dazu passen: Maisbrot und Potato-Wedges.

Miso-Auberginen vom Grill

Vor-/Zubereitungszeit: ca. 50 Minuten

Zutaten für ca. 4 Portionen

- Grill mit Deckel, Grillschale
- 2 mittelgroße Auberginen
- 100 g helle Miso-Paste (japanische Würzpaste, gibt es im Asienregal)
- 4 EL helle Sojasauce
- 5 EL Olivenöl und etwas Olivenöl zum Einpinseln, Salz
- 2 gehäufte TL brauner Zucker

1 Den Grill vorbereiten und anheizen. Auberginen waschen, trocken tupfen und längs halbieren. Die Innenseiten der Hälften mit einem kleinen Messer gitterförmig ca. 2 cm tief einschneiden. Die Auberginen salzen und ein paar Minuten ziehen lassen.

2 Miso-Paste mit Sojasauce, 75 ml Wasser, Olivenöl und Zucker mit einem Schneebesen gut verrühren.

3 Die Auberginen mit Küchenpapier trocken tupfen, mit der eingeschnittenen Seite nach oben in eine Auflaufform legen. Die Miso-Marinade gleichmäßig auf den Auberginen verteilen und diese noch für etwa 10 Minuten ziehen lassen.

4 Grillschale mit etwas Öl einpinseln, Auberginen mit der Hautseite nach unten hineinlegen. Die Schale auf den vorbereiteten Grillrost stellen und die Auberginen bei geschlossenem Deckel 8–10 Minuten garen.

5 Dann Auberginen einmal wenden und weitere 4–6 Minuten grillen. Evtl. Auberginen ein paarmal umdrehen, damit sie nicht anbrennen (die Schnittflächen dürfen zwar eine starke Bräunung bekommen, damit sich Röstaromen entwickeln können, die Auberginen sollten aber nicht verbrennen). Miso-Auberginen vom Grill nehmen und servieren. Und dazu: ein Dip aus Naturjoghurt.

Tomahawk-Steaks mit selbst gemachter Chilisauce

Vor-/Zubereitungszeit: ca. 3 ½ Stunden

Zutaten für ca. 6 Portionen

- Backofen und Grill
- 2 Tomahawk-Steaks (à ca. 1 kg)
- 2 Zwiebeln, 2 Knoblauchzehen
- 500 g geschälte Ananas, Zucker
- 2 rote Chilischoten (z. B. Habaneros)
- 40 ml Pflanzenöl, 180 ml Apfelsaft
- etwas Olivenöl, Salz, Pfeffer

1 Steaks in ca. 1 ½ Stunden Raumtemperatur annehmen lassen.

2 Zwiebeln und Knoblauch abziehen, fein schneiden. Ananas klein würfeln, mit 2 TL Zucker vermengen. Chilis halbieren, putzen, fein schneiden.

3 Zwiebeln und Knoblauch im Öl glasig dünsten. Chilis zugeben, kurz mitdünsten. Ananas zugeben, 4 Minuten weiterdünsten. Saft angießen, 10 Minuten köcheln. Alles pürieren, mit Salz, Zucker abschmecken. Durch ein Sieb streichen, abkühlen lassen.

4 Ca. 2 Stunden vorm Essen Backofen auf 80 Grad Ober-/Unterhitze heizen. Ofengitter aufs Backblech setzen. Temperierte Steaks rundum dünn mit Öl bepinseln. Auf das Gitter legen, auf 2. Schiene von unten in den Ofen schieben. In etwa 1 ½ Stunden auf 50–55 Grad (Kerntemperatur mit Thermometer kontrollieren) bringen.

5 Steaks aus dem Ofen nehmen, auf dem vorbereiteten Grill bei hoher Temperatur in 3–4 Minuten pro Seite fertig grillen. Vorm Aufschneiden ca. 5 Minuten ruhen lassen, salzen, pfeffern. Mit der Chili-Ananas-Sauce servieren.

Tipp

Die Sauce schon am Vortag kochen, so kann sie gut durchziehen.

Dessert vom Grill: Süßes Omelett "Pohorje"

Vor-/Zubereitungszeit: ca. 50 Minuten

Zutaten für ca. 4 Portionen

- 4 Eier (Größe M)
- 100 g Zucker
- 1 Pck. Vanillezucker
- 80 g Weizenmehl (Type 405)
- fein abgeriebene Schale von 1 Zitrone (Bio)
- ½ Pck. Backpulver
- 50 g zerlassene Butter

Außerdem:

- ca. 400 g Schlagsahne
- 20 g Puderzucker und etwas Puderzucker zum Bestäuben
- 200 g gemischte Beeren (z. B. Erdbeeren, Himbeeren, Heidelbeeren)
- 150 g Preiselbeerkonfitüre
- evtl. essbare Blüten zum Garnieren

1 Backofen auf 200 Grad vorheizen. Eier trennen. Eiweiße zu festem Schnee schlagen, dabei Zucker und Vanillezucker einrieseln lassen. Eigelbe unterrühren. Mehl, Zitronenschale und Backpulver mischen, zur Eimasse geben. Die flüssige Butter langsam dazugießen und vorsichtig mit dem Schneebesen untermischen.

2 Blech mit Backpapier auslegen. Die Biskuitmasse in 2 Kreisen darauf verteilen und im vorgeheizten Ofen in etwa 12 Minuten hell ausbacken. Omeletts aus dem Ofen nehmen, auf eine Platte stürzen und das Backpapier abziehen. Omeletts evtl. bereits leicht einklappen (sie könnten zerbrechen, wenn man sie in erkaltetem Zustand biegt).

3 Sahne mit Puderzucker cremig-steif schlagen und evtl. bis zum Servieren kalt stellen. Beeren verlesen.

4 Kurz vorm Anrichten die Omeletts auf einem vorbereiteten Grill bei kleiner Hitze noch mal heiß werden lassen. Die Omeletts mit Preiselbeerkonfitüre, geschlagener Sahne sowie den Beeren füllen und umklappen. Mit Puderzucker bestäuben und evtl. mit essbaren Blüten garniert servieren.

Das perfekte Steak

Was es braucht, um ein Rindersteak auf dem Grill optimal zuzubereiten, weiß **Claudia Doriat, bayerische Grillmeisterin**. Sie empfiehlt, auf folgende Punkte zu achten:

1. "Nur das beste Stück darf auf den Grill", sagt die Expertin gegenüber BUNTE Genuss & Stil. Sprich: Das Fleisch sollte von höchster Qualität sein. Das heißt: Es sollte nicht mariniert sein (da stecken oft Geschmacksverstärker in der Soße), es sollte aus der Region kommen und Knochen haben. Tomahawk-, Porterhouse- und T-Bone-Steak sind beispielsweise solche "Geschmackshelden". Wer keine Knochen mag, kann Nicole Hischler vom Münchner The Louis Grillroom folgen, die gern Rib-Eye-Steak serviert: "Die Grillhitze karamellisiert das Fett – toll für den Geschmack."
2. Gas oder Holzkohle ist laut Claudia Doriat eine Frage der individuellen Vorliebe, aber nur bedingt geschmacksentscheidend: "Wer nach zehn Minuten grillen will, ist mit Gas besser dran", so Doriat. "Die Kohle muss erst durchglühen. Das dauert eine halbe Stunde, steigert aber wegen des guten Duftes die Vorfreude."
3. Dass das Fleisch Zimmertemperatur hat, bevor es auf den Rost kommt, hält auch die Grillmeisterin für sehr wichtig. Und nach dem Angrillen bei großer Hitze soll es auf einer anderen Grillzone bei niedrigerer Temperatur gut durchziehen: "So behält es seinen Saft." Medium, also innen rosa, entfaltet das Fleisch laut Doriat seinen vollen Geschmack. Dafür soll es von jeder Seite drei Minuten grillen, am Schluss vier Minuten ruhen.
4. Würzen ist der krönende Abschluss, am liebsten mit grobem Salz, fermentiertem Pfeffer und frischen Kräutern. Dazu Kartoffel-Wedges und Wokgemüse – auch vom Grill!

Ein Picknick

Es ist eines der Bilder, die wir vom Sommer im Kopf haben: Bei einem Picknick im Park nascht man von Leckereien, gibt sich dem schönen Wetter hin und schwelgt im süßen Nichtstun. Wollen Sie ein eigenes Picknick veranstalten? Nur zu, Ihre Gäste werden es lieben!

Die Auswahl der Location ist hier besonders wichtig. Wenn Sie einen Garten mit einer großen Wiese haben, ist das natürlich perfekt: Sie können die Infrastruktur Ihres Hauses nutzen und trotzdem in der Natur sein. Damit fallen viele Herausforderungen weg, vor denen Sie bei einem Picknick an einem öffentlichen Platz stehen. Vor allem wenn das Wetter nicht mitspielt, können Sie dann schnell nach drinnen wechseln.

Wenn Sie an einem öffentlichen Ort picknicken wollen, dann finden Sie den perfekten Platz sowohl im Stadtpark wie am Strand oder an einer Waldlichtung. Sie sollten jedoch nicht in Naturschutzgebieten picknicken und auf privaten Grundstücken wie Feldern immer die Besitzer/-innen um Erlaubnis fragen. Außerdem sollte der Platz gut erreichbar sein – denken Sie auch an Ihre Anfahrt: Ist das Gelände gut erreichbar, und sind die Entfernungen, über die Sie alle Utensilien tragen müssen, nicht zu groß? Wenn Sie ein Lastenrad haben: Kann dies alles aufnehmen, was Sie zur Location bringen müssen?

Ihr Picknickplatz sollte nicht zu überlaufen sein – an einem sehr sonnigen Tag werden Sie im Stadtpark sicher nicht die Einzigen sein, die dort gern ihre Decke ausbreiten wollen. Und wählen Sie keinen Ort, der zu nah an stehenden Gewässern ist, denn die ziehen sehr viele Insekten an. Der Platz sollte Schatten und Sonne gleichermaßen bieten. Je heißer der Tag ist, desto mehr Schatten ist gefragt, im Frühjahr will man sicher lieber in der Sonne sitzen – aber auch nicht nur.

✦✦✦

Das Wort Picknick stammt übrigens vom französischen "pique nique", was "Kleinigkeiten aufpicken" bedeutet. Genau das macht man beim Picknicken gern: Wenn viele Leckereien auf der Decke ausgebreitet werden, macht das sofort Appetit. Stellen Sie Dinge zusammen, die gut mit der Hand greifbar sind, wenig krümeln und ein paar Stunden ohne Kühlung auskommen. Sie sollten sich auch gut verpacken und transportieren lassen. So passen zum Beispiel herzhafte Quiches, die Sie in kleine Stücke schneiden, Sandwiches, Spieße mit kalten Hackbällchen oder Gemüsebällchen, Hefekringel, Brot mit Dips, Salate im Glas, Muffins oder Scones, Energy Balls und Früchte wie Erdbeeren.

Ein Picknick sieht immer sehr leicht und entspannt aus. Das ist es auch, wenn die Vorbereitung stimmt. Dabei sollten Sie an folgende Dinge denken:

1 Eine oder mehrere große Decken, am besten mit beschichteter Unterseite, falls der Untergrund noch etwas feucht sein sollte – alternativ können Sie auf Paletten setzen, die mit Kissen richtige "Outdoor-Sofas" kreieren, deren Transport ist aber entsprechend aufwendig.

BUNTE - TIPP

Legen Sie nach Möglichkeit große Kissen aus – mit denen wird es **viel gemütlicher**, und man kann es sich deutlich länger am Boden bequem machen.

2 Teller, Gläser und Besteck – wenn möglich, kein Einweggeschirr. Gut verpackt gehen Teller nicht so schnell zu Bruch. In einem Picknickkorb können Sie auch Gläser gut unterbringen.

3 Salz und Pfeffer

4 Servietten für die Gäste sowie Küchenrolle, mit der man schnell etwas wegwischen kann; Tücher, die man als Unterlage nutzen kann

5 Mückenspray und Sonnencreme

6 Tools wie Flaschenöffner oder Feuerzeug, falls Sie grillen wollen

7 Bei Bedarf Sonnenschirm oder Sonnensegel

8 Badmintonschläger oder ähnliche Sportgeräte für Gäste, die Lust auf Bewegung haben

BUNTE - TIPP

Einige Lokalitäten und Caterer bieten gefüllte **Picknickkörbe** an: Auf Vorbestellung können Sie diese packen lassen und kurz vor Ihrem Event abholen. Man bekommt sie beispielsweise in Nürnberg beim "picknick wald- und wiesenservice" von Salon Regina. Picnic Berlin offeriert diesen Service in der Hauptstadt. Bei der Emmeransmühle in München bekommt man sogar noch einen kleinen Wagen dazu, mit dem man den Schmaus in den Englischen Garten transportieren kann. Im Korb sind auch Teller, Besteck, Becher, Servietten und Flaschenöffner enthalten, optional kann man Sonnenschirm oder Kühltasche mitbestellen. Am Tegernsee bietet der Gutshof Kaltenbrunn einen Korb von Feinkost Käfer zur Abholung an. Feinkost Käfer in München hat ebenfalls Picknickkörbe im Programm. Bei Dolcinella bekommt man in Düsseldorf am Wochenende einen Korb zum Candle-Light-Dinner am Rheinufer.
In der Regel muss man vorbestellen, bei größeren Mengen ohnehin. Aber die Vorteile dieser Dienstleistung sind ganz klar: Die Profis wissen genau, welche Speisen sich für ein Picknick gut eignen, und Sie haben als Gastgeber/-in deutlich weniger Aufwand bei der Vorbereitung.

Feiern "einfach so"

Meist feiern wir Geburtstage oder andere wichtige Daten, aber man braucht gar nicht immer einen großen Anlass, um ein Fest zu feiern. Wir schlagen 15 Gelegenheiten vor, um einfach mit lieben Menschen zusammenzukommen:

1 Der Sommer an sich reicht zum Beispiel schon aus, um ein Grillen oder ein Picknick im Park zu planen. Das schöne Wetter sollte man genießen und auskosten!

2 Spargel, Erdbeeren, Kürbis: Zelebrieren Sie saisonale Köstlichkeiten, und geben Sie ihnen bei Ihrem Event die Hauptrolle. So finden sich die Erdbeeren beispielsweise im Sektglas wieder, im

Hauptgericht stecken auch ein paar, und zum Nachtisch gibt es ein Dessert mit den leckeren Früchten.

3 Sie waren in Italien im Urlaub und haben jede Menge herrlichen Käse mitgebracht? Dann machen Sie daraus einen kulinarischen Abend, bei dem Sie enge Freund/-innen wiedersehen und mit ihnen klönen können.

4 Schauen Sie mal zurück, wann Sie in die Stadt gezogen sind, in der Sie jetzt leben – steht vielleicht ein Jubiläum an? Oder haben Sie vor zehn Jahren das Haus gebaut, in dem Sie wohnen? Auch solche Ereignisse können Sie feiern.

5 Vielleicht haben Sie Lust, eine Gruppe von Freund/-innen einfach regelmäßiger zu sehen? Dann starten Sie doch eine Dinner-Reihe: Legen Sie zum Beispiel einen wiederkehrenden Termin fest wie "jeder 1. Donnerstag im Monat", und laden Sie dann jeweils zu einem Essen ein. Oder zu einem Weinabend.

6 Open House: Legen Sie einen Abend im Monat fest, an dem Sie immer etwas kochen – und die Tür steht Ihren Freund/-innen quasi offen. Wer Zeit und Lust hat, kommt vorbei, und wenn es diesmal nicht passt, dann eben beim nächsten Mal. Vielleicht bringt jede/-r eine Flasche Wein als Gastgeschenk mit, dann ist dafür schon mal gesorgt. Die Gerichte, die auf den Tisch kommen, dürfen ruhig einfach sein. Wenn Sie Lust haben, geben Sie jedem Abend ein Thema, über das diskutiert werden kann, als Icebreaker für die Runde. Wollen Sie die Menge des Essens ein wenig planen und vorher Bescheid wissen, wie viele Gäste Sie an einem Termin erwarten können, dann bitten Sie einfach um vorherige kurze Anmeldung. Und sonst freuen Sie sich einfach darauf, was der Abend bringt!

7 Haben Sie Lust, in festem Rahmen über Literatur, Kultur oder gesellschaftliche Themen zu diskutieren? Dann laden Sie doch eine Gruppe von Freund/-innen zu einem "Book Club" ein – vielleicht sonntags 16 Uhr bei einer Tea Time mit Tee, Gebäck und kleinen Snacks?

8 Dasselbe funktioniert mit Hobbys oder Aktivitäten wie Stricken, Häkeln, Zeichnen: Laden Sie alle, von denen Sie wissen, dass sie an diesen Dingen Spaß haben, in Ihr Wohnzimmer oder Atelier ein. Oder wenn Sie etwas Neues lernen wollen, engagieren Sie gemeinsam mit anderen Interessierten einen Profi, der Ihnen die ersten Schritte bei Ihnen zu Hause zeigt. Servieren Sie dazu einige Leckereien und Getränke, und genießen Sie den Rest des Abends gemeinsam.

9 Manche sagen, die besten Partys ergeben sich an Montagen. Eigentlich ist dieser Tag einer, den man eher nicht mit Feiern in Verbindung bringt. Aber probieren Sie es mal aus, und laden Sie an diesem oder einem anderen Wochentag (oder Sonntag?) zu einem Essen ein! Da sicher viele am nächsten Tag zur Arbeit müssen, können Sie früher beginnen, und es geht wahrscheinlich auch nicht so lange. Daher wissen alle, dass nur begrenzt Zeit bleibt, und steigen wahrscheinlich schneller in tiefere Gespräche ein.

10 Sie kochen ein Gericht supergern und richtig gut? Dann kochen Sie es für Gäste! Wenn Sie zum Beispiel endlich mal wieder Ihr berühmtes Boeuf Stroganoff zubereiten wollen, suchen Sie einfach einen passenden Termin, und bringen Sie es auf den Tisch. Es

können auch ganz simple Gerichte wie ein Eintopf Ihrer Großmutter sein. Die Gäste werden das Essen sicher genauso mögen wie Sie.

11 Gemeinsam kochen kann eine superkommunikative Art sein, einen schönen Abend zu verbringen: Beim Schneiden, Braten und Dünsten ist die Stimmung sofort locker, und alle kommen miteinander ins Gespräch. Auch wenn viele Hände mithelfen: Wählen Sie für dieses Format eher simple Rezepte aus, und bereiten Sie alles gut vor: Drucken Sie die Rezepte am besten mehrmals aus, stellen Sie alle Zutaten und Werkzeuge wie Messer, Schneidbretter, Sparschäler vorher bereit. Sorgen Sie dafür, dass alle genug Platz für ihre kleinen Aufgaben haben, und schenken Sie natürlich auch bei diesem ersten Teil des Abends schon Getränke aus.

12 Eine Variante des gemeinsamen Kochens: Bitten Sie zwei bis drei Gäste, ihre jeweiligen Lieblingsrezepte mitzubringen, die Sie dann gemeinsam kochen. Das funktioniert am besten in einer kleinen Gruppe. Sie können mit den Gästen absprechen, ob diese auch die Zutaten selbst besorgen wollen, oder Sie lassen sich vorab von ihnen die Zutatenliste schicken und kümmern sich um alles. Auf jeden Fall sollten Sie für die Getränke an so einem Abend verantwortlich sein.

13 In der Weihnachtszeit kann es großen Spaß machen, gemeinsam Plätzchen zu backen. Sie können die Gäste zum Beispiel in kleine Teams aufteilen, und jedes Team übernimmt ein Rezept. Der Ofen läuft die ganze Zeit auf Hochtouren und wird bald ein Blech nach dem anderen "ausspucken". Am Ende können Sie die Köstlichkeiten mischen und allen in schönen Tüten Kostproben mitgeben. Reichen Sie Punsch, Tee und Kakao, und die Winterstimmung ist perfekt!

14 Und schließlich gibt es noch "Potluck": Dabei bringt jeder Gast ein fertiges Gericht oder eine Komponente davon mit. Alles wird auf den Tisch gebracht, und man kann überall probieren. Sie sollten vorher ein wenig koordinieren, wer was mitbringt, auf den Gang bezogen - Vorspeise, Hauptgericht, Dessert - wie auch auf die Zutaten, damit nicht in jedem Topf dieselbe Basis steckt. Ein "Potluck-Dinner" lebt von der Vielfalt und auch von den Geschichten, die die Gäste vielleicht mit den mitgebrachten Speisen verbinden - und mit den anderen teilen. Für Sie als Gastgeber/-in ist ein "Potluck-Dinner" wenig aufwendig: Sie stellen die Getränke bereit, die Infrastruktur und das Geschirr.

15 Manchmal braucht es auch überhaupt gar keinen Grund für eine Einladung außer dem, dass Sie ein paar liebe Menschen treffen wollen. Und dann darf es vielleicht auch ganz simpel sein: Stellen Sie gutes Brot und Olivenöl, feine Oliven und Salz auf den Tisch, ein paar Flaschen Wein dazu, und genießen Sie einfach gemeinsam, dass Sie sich als Freund/-innen haben und in Ruhe miteinander sprechen können.

Herbst

Im Herbst wird es drinnen kuschlig – und Sie können Ihr Zuhause in ein Restaurant verwandeln, ein romantisches Candle-Light-Dinner kreieren oder eine bunte Mottoparty feiern. Wir sagen Ihnen, wie das alles perfekt und gleichzeitig ganz lässig gelingt.

Lasst die großen Feste kommen!

Wenn der Sommer geht, sind wir oft noch etwas wehmütig – wir vermissen die Wärme, die langen Abende draußen, Tage im Garten oder am See. Aber der Herbst hat seine eigenen Argumente, um uns zu überzeugen: Die Natur wechselt vom sommerlichen Grün zu einer faszinierenden Farbenpracht zwischen Gelb, Orange, verschiedenen Rottönen bis hin zu Braun. Belebender Wind weht uns um die Ohren. Und es gibt oft noch so viele überraschend warme Tage ab Ende September, dass wir jeden von ihnen umso mehr auskosten und genießen.

Und wir bekommen Lust aufs Feiern! Der Herbst ist die Saison der großen Feste: Jetzt finden große Bälle statt, zu denen man richtig auftrumpfen, in die große Robe schlüpfen und sich herrlich fein machen darf. Wenn es draußen abends immer dunkler wird, gehen drinnen umso früher die Lichter an, es wird gemeinsam gegessen, getanzt und gefeiert. Der Herbst ist eine tolle Zeit für Einladungen zu Dinner-Abenden. Alle sind erfüllt von Erinnerungen an ihre Urlaube, haben in den vergangenen Monaten schon einiges erreicht und machen sich bereit für die letzte Etappe des Jahres. Das sorgt für viel Gesprächsstoff und für viel Dankbarkeit, dass man sich darüber austauschen kann.

Als Gastgeber/-in können Sie in dieser Saison also gern etwas dicker auftragen: Wenn Sie Lust auf ein elegantes Dinner in den eigenen vier Wänden haben, dann laden Sie doch genau jetzt dazu ein! Zum Essen sollten Sie auf ein passendes Menü mit besonders feinen Zutaten und spannenden Aromen-Kombinationen setzen. Ganz traditionell wird ein großes Dinner an Thanksgiving begangen: Wir danken der Natur für ihre Gaben mit einem großen Essen mit Truthahn und vielen sättigenden Beilagen. Natürlich kommen wir aber auch im Herbst gern in lässiger Atmosphäre zusammen. Man freut sich auf gemütliche Verabredungen und lange Gespräche. Ein wenig feierlich darf es dabei aber durchaus zugehen: Wenn Sie Freude daran haben, fahren Sie gern bei der Deko etwas mehr auf, und lassen Sie es leuchten und glitzern.

Wie wird mein Zuhause zum Restaurant?

Wenn Sie vertraute Menschen zu sich nach Hause einladen, dann erwartet niemand ein professionelles Setting wie im Restaurant. Dennoch können Sie mit wenigen Tricks eine ähnliche Atmosphäre

schaffen. Dabei braucht es kein ausgeklügeltes Menü mit sieben Gängen, sondern vielmehr Liebe zum Detail und ein Gespür für die wichtigen Dinge.

Wählen Sie Rezepte aus, die kleine Überraschungen bieten: Tolle Geschmackskompositionen, eine besondere Zutat oder ungewöhnliche Kombinationen sind hier genau passend. Seien Sie experimentierfreudig, aber gehen Sie auch sicher, dass das Essen gelingt. Das klappt am besten, wenn Sie das Rezept zuvor schon einmal ausprobiert haben. Wenn Sie Ihre Einladung mit etwas Vorlauf planen, können Sie vorher jeden Gang einmal in Ruhe kochen – vielleicht jeweils an verschiedenen Abenden – und schon mal probieren.

Setzen Sie bei einem eleganten Dinner in den eigenen vier Wänden eher auf kleine, feine Gerichte statt auf große Portionen. Allein das wirkt schon eleganter, vor allem wenn Sie sie auf großen Tellern servieren. Achten Sie auf starke Farben und Aromen. Dekorieren Sie mit Blüten, frischen Kräutern oder anderen Akzenten. Testen Sie es vorher auf einem Probeteller, und gehen Sie dann mit lockerer Hand und, ohne viel nachzudenken, ans Werk!

BUNTE - TIPP

Wenn Sie sich die Sterneküche nach Hause holen wollen, können Sie **Gourmetboxen** bestellen, in denen das Essen in der Regel schon nahezu fertig gekocht ist und nur noch finalisiert werden muss. Dieses Format eignet sich vor allem für kleinere Runden. Bei größeren Runden kann ein Catering oder ein/-e Mietkoch/-öchin günstiger sein.

Der Anbieter Dinnery hat sich beispielsweise auf den Versand hochwertiger Menüs spezialisiert: In der "hauseigenen Genussmanufaktur" werden die Gerichte auf Vorbestellung gekocht und in einer gekühlten Thermobox verschickt. Die einzelnen Komponenten muss man dann nur noch im Wasserbad erhitzen und servieren.

Der bekannte Koch Alexander Herrmann steht hinter StarchefBox: Auch in dieser Kochbox finden Sie fein aufeinander abgestimmte Gourmetmenüs inklusive dem passenden Wein. Auch saisonale Special-Boxen zu Themen wie "kulinarische Weltreise" werden angeboten. Das Essen wird von Spitzenköchen/-innen in bewährten Verfahren der hochklassigen Gastronomie zubereitet und sicher verpackt. Immer donnerstags wird per Overnight-Express versendet, sodass Sie die Lieferung Freitagmorgen an Ihrer Haustür empfangen können. Die Haltbarkeit ist so ausgelegt, dass Sie Ihr Wunschmenü das ganze Wochenende über genießen können.

Der Markt mit ähnlichen Angeboten wächst. Schauen Sie, welche Anbieter Ihnen zusagen und die für Ihr Event passenden Bedingungen bezüglich Menü oder Lieferung bieten.

Originalität ist gefragt

Zwischengänge wie ein herzhaftes Sorbet sorgen für Aha-Momente und sind oft gar nicht so schwer zuzubereiten: Hier kommt es mehr auf Originalität an als auf komplizierte Rezepte. Aber nehmen Sie sich nicht zu viel vor, denn jeder Gang mehr bedeutet auch Aufwand in der Vorbereitung und beim Servieren sowie verbrauchtes Geschirr – das sich dann unschön in der Küche stapelt. Darauf sollten Sie auch wirklich achten: Halten Sie an so einem Abend so viel Ordnung in der Küche wie möglich. Räumen Sie schon während des Kochens möglichst alle Utensilien, die nicht mehr gebraucht werden, weg. Packen Sie schmutziges Geschirr direkt in die Spülmaschine, und stellen Sie diese gleich an, sobald sie voll ist. Halten Sie Arbeitsflächen so weit wie möglich frei, und wischen Sie diese und den Herd zwischendurch immer mal schnell sauber, bevor dort Essensreste festkleben. Trotz aller Sorgfalt wird es natürlich im Laufe des Abends zur Herausforderung, alles relativ aufgeräumt zu halten, wenn man nicht die ganze Zeit in der Küche verbringen will. Eine praktische Möglichkeit, die zumindest optisch die Unordnung im Zaum hält, ist eine große, stabile Kiste, in der Sie das schmutzige Geschirr und Besteck vorübergehend verstauen können. Sie eignet sich vor allem zur vorübergehenden Aufbewahrung von Tellern und anderen stabilen Geschirrteilen. So stapelt sich nicht alles auf den Arbeitsflächen, und Sie können den Abwasch in Ruhe nach dem Fest erledigen.

Gurkensorbet mit knusprigen Rosmarinstangen

Vor-/Zubereitungszeit: ca. 2 Stunden

Zutaten für 4 Portionen

- ○ Eismaschine
- ○ 1 Rosmarinzweig
- ○ 20 g frische Hefe
- ○ ½ TL Zucker
- ○ 250 g Mehl sowie Mehl zum Arbeiten
- ○ 1 TL Salz
- ○ 50 ml Olivenöl

Für Sorbet und Garnitur:

- ○ 2 Blatt Gelatine
- ○ 250 g Zucker
- ○ 250 g Gurke
- ○ 2 Eiweiß (Gr. M)
- ○ 5 g Ingwer
- ○ 2–3 EL Olivenöl
- ○ 2 Rispen schwarze (oder auch rote) Johannisbeeren

1 Rosmarin fein hacken. Hefe, Zucker und 70 ml warmes Wasser verrühren. Mehl in Schüssel sieben, mit Salz, Öl, Rosmarin, Hefegemisch verkneten. Teig mit Tuch bedeckt gut 30 Minuten gehen lassen.

2 Backofen auf 200 Grad (Umluft: 180 Grad) heizen. Teig auf bemehlter Fläche dünn ausrollen, in feine Streifen schneiden. Streifen mit den Fingerspitzen zu langen, dünnen Stangen rollen. Diese auf Blech mit Backpapier im Ofen etwa 10 Minuten backen.

3 Gelatine nach Packungsangabe einweichen. 250 ml Wasser und Zucker aufkochen. Topf vom Herd nehmen, Sirup 10 Minuten abkühlen lassen. Gelatine im Sirup auflösen. 180 g Gurke grob hacken, im Sirup mit dem Mixstab fein pürieren. Püree durch ein Sieb passieren. Eiweiß steif schlagen, unter den Gurkensirup heben. Masse in der Eismaschine cremig gefrieren.

4 Übrige Gurke (70 g) in feine Scheiben hobeln. Ingwer schälen, fein reiben. Beides mit Öl und Johannisbeeren vermengen. Garnitur und Sorbet in Gläser verteilen, mit dem Gebäck servieren.

Ruhe in den Raum bringen

Ganz wichtig an so einem Abend ist die Stimmung im Raum. Sorgen Sie mit passender, eher ruhiger Musik für eine entspannte Atmosphäre. Und bleiben Sie selbst möglichst gelassen. Wenn Sie schweißgebadet und hektisch hin- und herlaufen, ist das für alle unangenehm. Auch wenn Sie sehr viel im Kopf haben an diesem Tag: Schalten Sie spätestens zum Start des Essens bewusst einen Gang runter. Das ist für Sie selbst und für Ihre Gäste angenehmer.

Bei der Gestaltung des Tisches können Sie dick auftragen: Nutzen Sie Ihr bestes Geschirr, polieren Sie die feinen Weingläser auf Hochglanz, setzen Sie auf feine Tischdecken und wenn möglich Stoffservietten. Achten Sie auf die richtige Auswahl des passenden Besteckes, und stellen Sie kleine Extrateller für Brot und Butter bereit, plus kleine Messerchen. Wenn Sie genug Besteck haben, dann platzieren Sie nach jedem Gang ein neues, das zum folgenden Gang passt.

Wie im Restaurant sollten Sie die Gerichte des Abends auf einer kleinen Karte aufschreiben, damit alle wissen, was sie erwartet, und die Vorfreude steigt. Das Menü kann auf Papier gedruckt auf jedem Teller liegen, auf einem etwas festeren Karton auf dem Tisch aufgestellt sein oder an einer Kreidetafel präsentiert werden. Wenn Sie mögen, schreiben Sie die Menükarten von Hand, das gibt ihnen eine besonders persönliche Note.

Koch oder Köchin mieten

Ein Dinner zu Hause wird für Sie viel einfacher, wenn Sie an Ihrem eigenen Herd kochen lassen. Dazu können Sie Köche/-innen mieten und holen sich damit die Profis ins Haus. Der Service hat viele Vorteile: Der Koch oder die Köchin bringt in der Regel alle Zutaten selbst mit und kümmert sich um alles, von der Vorbereitung über das Kochen selbst bis zum Servieren auf den Tellern. Sie können Wünsche äußern und ein Menü absprechen, das auch schwierigere Gerichte enthält, die Sie sich selbst vielleicht nicht zugetraut hätten. So können Sie sichergehen, dass das Essen gelingt. Sie selbst haben viel mehr Ruhe, um alles andere für den Abend vorzubereiten, den Tisch schön einzudecken, letzte Handgriffe vorzunehmen, die Gäste selbst zu begrüßen. Und auch wenn jemand anderes kocht, bleibt trotzdem noch reichlich zu tun!

✦✦✦

Für Ihre Gäste ist es auch spannend, wenn ein Profi in der Küche steht – das ist meist gleich Gesprächsthema, und er oder sie wird auf Wunsch sicher die ein oder andere Frage beantworten, kann mehr über Zutaten und Zubereitungsmethoden erzählen oder sogar kleine Tricks verraten, wie er/sie Herausforderungen beim Kochen elegant löst. Ein Mietkoch ist eine Investition, Sie sollten mit etwa 40 bis 100 Euro pro Gast rechnen, je nach Zutaten, Dauer des Events und wie weit er oder sie anreisen muss. Wenn Sie jedoch jemanden finden, der diesen Job gut macht, dann ist ein ganz besonderer Abend garantiert, der sicher vielen in Erinnerung bleiben wird.

BUNTE - TIPP

Eine Köchin oder einen Koch mieten - so funktioniert's:

Der Münchner Sternekoch Max Kangni wurde, als er im Hotel Vier Jahreszeiten angestellt war, einst von einem Stammgast gebeten, in dessen Privathaus in Dubai für ihn zu kochen. "In vielen Ländern ist es viel verbreiteter als bei uns, dass vermögende Menschen mit Privatköchen zusammenarbeiten", so Kangni gegenüber BUNTE Genuss & Stil. Er gründete das Start-up Hello Chef, über das er ausgewählte Kolleginnen und Kollegen für private Events vermittelt. "Unsere Auftraggeber sollen sich wohlfühlen und ihr Essen genießen. Sei es ein Business-Lunch, ein romantisches Candle-Light-Dinner oder ein Essen für Familie und Freunde."

Die Köch/-innen richten sich gern nach den Wünschen der Gäste. Vorab wird geklärt, was gekocht werden soll, zum Beispiel vegetarisch, mit Fisch, mit Fleisch, asiatisch oder italienisch ... Auch auf Nahrungsmittelunverträglichkeiten können die privaten Köch/-innen sehr gut eingehen. In der Regel übernimmt der Koch dann die gesamte Arbeit vom Planen der Rezepte über das Einkaufen der Zutaten bis zum frischen Zubereiten der Mahlzeiten in der heimischen Küche.

Die Preise bei Hello Chef sind mit denen in einem hochwertigen Restaurant vergleichbar. Drei-Gänge-Menüs sind unter 100 Euro pro Gast zu bekommen. Hello Chef richtet beispielsweise ein Barbecue für 79 Euro pro Person aus, ein Menü kostet in München 99 Euro. Hello Chef bietet Private Cooking vorrangig in Stuttgart, München, Berlin und Köln an, auf Wunsch reisen die Köche aber überallhin.

Das passende Getränk

Essen ist kein Muss bei einer Einladung, Getränke sind es schon. Wir sagen Ihnen, was Sie vorrätig haben sollten:

Mineralwasser

Mineralwasser sollte man immer reichlich bereitstellen, vor allem bei einem gesetzten Essen. Aber auch in lockererem Rahmen greifen viele Gäste gern zwischendurch auf Wasser zurück: Nicht umsonst wird empfohlen, für jedes Glas Alkohol ein Glas Wasser zu trinken – das soll einen möglichen Kater am nächsten Tag lindern.

Gibt es bei einem Dinner Wein zu trinken, dann sollten Sie Folgendes beachten: Schenken Sie einen kräftigen Rotwein aus, dann sollte dazu stilles Wasser bereitstehen. Denn Kohlensäure kann dafür sorgen, dass die Gerbstoffe bitter schmecken. Sprudelwasser passt zu leichtem Weißwein – der Kohlensäuregehalt sollte aber nicht zu hoch sein.

Der Geschmack von Wasser wird vor allem von den darin enthaltenen Mineralien sowie der Menge an Kohlensäure geprägt. Ein stilles Wasser mit hohem Mineralstoffgehalt passt gut zu deftigem Fleisch wie Wild. Leichtere Gerichte wie Kalb oder Huhn harmonieren dagegen eher mit einem Wasser, das weniger Mineralstoffe enthält.

Die Temperatur von Mineralwasser sollte zwischen acht und zwölf Grad Celsius liegen. Stilles Wasser darf etwas wärmer sein, je mehr Kohlensäure im Wasser steckt, desto kühler sollte es sein.

Bier

Bier hat viele Freund/-innen und sollte auf keinem Event fehlen. Mit einem Pils und einer etwas kräftigeren Sorte wie einem dunklen Brown Ale liegen Sie meistens richtig. Vor allem bei einem Barbecue passen die kräftigen Sorten gut, zum Beispiel zu gebratenem Fleisch wie Rind. Zum Wiener Schnitzel trinkt man besser ein helles Lagerbier mit einer leichten Süße.

Bringen Sie die Flaschen rechtzeitig auf die passende Temperatur: "Schlanke, helle, alkoholarme Biere" sollte man laut dem Deutschen Brauer-Bund bei sechs bis acht Grad Celsius trinken. Biere mit mehr Charakter dürfen demnach etwas weniger kühl sein. Für bayerisches Weißbier werden 7 Grad empfohlen, britisches Bier wie Ale sollte auf 9 bis 13 Grad gebracht werden, alkoholfreies Bier auf nur 3 Grad.

✦✦✦

Bier ist relativ empfindlich: Die braune Glasflasche schützt vor UV-Licht, auf das die Aromen des Hopfens empfindlich reagieren. Sie sind auch nicht allzu lange haltbar. Wenn Sie noch einen Kasten von der letzten Einladung im Keller haben, prüfen Sie vor dem Event besser einmal an einer Flasche den Geschmack. Lagern sollten Sie Bier immer dunkel und kühl bis kalt, es sollte nicht zu starken Temperaturschwankungen ausgesetzt sein.

Bei lockeren Einladungen trinken die meisten gern das Bier direkt aus der Flasche. Wenn Sie es zu Tisch servieren, sollten Sie passende Gläser bereithalten. Davon gibt es viele verschiedene. Ganz grundsätzlich kann man sagen, dass die Form, Breite und Höhe des Glases vor allem Einfluss auf die Kohlensäure im Bier haben und damit auf den Schaum und die Aromen. Für ein Pils sind eher hohe, schmale Gläser geeignet, weil darin die Kohlensäure nicht so schnell verschwindet. Je breiter die Gläser sind, desto besser für kräftiges Bier. Wenn Sie eine schöne feste Schaumkrone wollen, dann setzen Sie dreimal mit der Flasche an: Füllen Sie erst nur ein wenig ins Glas, warten Sie kurz, schenken Sie noch einmal nach, wieder kurz warten – und den Rest einfüllen.

Wein

Was wäre ein leckeres Essen ohne ein passendes Glas Wein dazu? Die Auswahl kann jedoch zur Wissenschaft werden, denn das Angebot ist schier unendlich. Grundsätzlich sollte man leichtes Essen mit leichten Weinen kombinieren, gut gereifte Weine passen jedoch auch sehr gut zu vielen Gerichten. Doch first Things first: Die Vorgabe, dass helles Fleisch nur mit Weißwein und dunkles nur mit Rotwein kombiniert werden soll, ist nicht mehr Gesetz. Das bedeutet mehr Freiheit, erfordert aber auch etwas mehr Feingefühl. Achten Sie auf passende Aromen und den Gehalt an Gerbstoffen: Gegrillter Fisch braucht etwas mehr Gerbstoffe, daher passt Rotwein gut dazu. Gekochtes Rind schmeckt gut, wenn man dazu einen Weißwein genießt, der mit seiner Säure den Geschmack des Fleisches unterstreicht.

Lassen Sie sich am besten im Weinladen Ihres Vertrauens beraten, welche Sorten gut zu Ihren Rezepten passen. Probieren Sie sie, und lassen Sie Ihre Zunge entscheiden. Auch zur optimalen Trinktemperatur können die Verkäufer/-innen sicher eine Empfehlung geben.

Was Sie immer zu Hause haben sollten,

1. Cabernet

Das Cabernet-Glas aus der Serie *Fatto A Mano Pink* ist ideal für vollmundige, komplexe Rotweine mit hohem Tanningehalt.

Passend für

die berühmten großen Roten des Bordeaux. Eignet sich für hohe Anteile der Sorten Cabernet Sauvignon und Cabernet franc, aber auch für die Cuvées mit Merlot.

2. Riesling

Das Riesling-Glas aus der Serie *Veritas* ist perfekt, um den hohen Säuregehalt und den Restzucker von fruchtigen Weißweinen auszugleichen.

Passend für

Riesling Grüner Veltliner, Rosé, aber auch für Weine von der Scheurebe oder Zinfandel.

3. Pinot Noir

Das Pinot-noir-Glas aus der Serie *Performance* unterstreicht durch seine Tulpenform und den gewölbten Rand die Süße, balanciert die Säure aus und spielt den Alkohol herunter.

Passend für

rote Burgunder, für alle Spät-burgunder (so heißt Pinot noir auf Deutsch), für Barolo oder Rosé-Champagner.

sind passende Gläser …

4. Champagner

Das Champagner-Glas: *Fatto A Mano Performance* heißt die Serie, die Gläser sind aus handgefertigtem Kristallglas – und lassen die Perlage blühen.

Passend für

alle guten Schaumweine: Champagner, Prosecco, Winzersekt, Franciacorta.

5. Chardonnay

Die Serie *O Wine*, kreiert von Maximilian J. Riedel: ein Tumbler ohne Stiel mit weit geöffnetem Kelch. Ideal für vollmundige Weißweine wie Chardonnay.

Passend für

Chardonnay aus dem Barrique, Riesling-Spätlesen, weiße Burgunder oder auch Morillon, den steirischen Chardonnay.

Sekt und Prosecco

Sekt und Prosecco sind die klassische Wahl "zum Anstoßen". Beides sind Schaumweine. Was sie unterscheidet, ist die Art ihrer Herstellung: Sekt ist ein veredelter Wein, er gärt in der Flasche und entwickelt dabei eine feine Kohlensäure, beim Prosecco wird diese zugesetzt. Sekt schmeckt intensiver, sein Alkoholgehalt ist höher – mindestens 10 Prozent gegenüber 8,5 beim Prosecco. Sekt ist länger haltbar und milder. Prosecco wird als "der günstigere Sekt" gesehen, doch natürlich gibt es genauso etwas teureren Prosecco von guter Qualität wie günstigen Sekt von schlechter.

Heller Sekt sollte fünf bis sieben Grad Celsius Trinktemperatur haben, Rosé darf mit sechs bis acht Grad etwas weniger kühl sein. Die Temperatur entscheidet übrigens auch mit darüber, ob beim Öffnen alles heraussprudelt: Wer bewusst eine Sektdusche plant, sollte die Flasche öffnen, wenn sie recht warm ist.

✦✦✦

Klassische Sektflöten passen immer – vor allem haben sie in der Regel am Boden einen sogenannten Moussierpunkt. Die raue Stelle sorgt dafür, dass die Perlen schön aufsteigen. Dazu muss das Glas auch absolut sauber sein, wenn noch Spülmittel dranklebt, perlt nichts. Deshalb sollte man immer am Ende gut mit klarem Wasser spülen. Beim Einschenken das Glas immer schräg halten. Dann schäumt auch dort nichts über. Es wird zu zwei Dritteln gefüllt, damit der Geschmack sich voll entfalten kann.

BUNTE - TIPP

Die Korken knallen lassen?

Beim Öffnen sollten Sie die Sektflasche am besten schräg halten. So kann der Druck besser entweichen, und das Risiko, dass alles aus der Flasche schießt, sinkt. Entfernen Sie die Folie, drehen Sie den Drahtkorb vorsichtig auf, und halten Sie dabei den Korken mit dem Daumen fest – drehen Sie dann nicht den Korken, sondern die Flasche. Und das vorsichtig und so lange, bis der Korken sanft herausgezogen werden kann. Dass er ordentlich Tempo bekommt, kann trotzdem passieren. Deshalb bitte die Öffnung vom Körper weghalten und darauf achten, dass sie auch auf niemand anderen im Raum oder auf empfindliche Gegenstände weist.

Sekt ist übrigens ein typisch deutsches Produkt, die heimischen Winzer produzieren etwa ein Viertel des weltweiten Volumens an Schaumwein.

Champagner

Edler als Sekt ist Champagner: ein Schaumwein, der nur so heißen darf, weil er aus der Champagne kommt. Dieses Gebiet in Frankreich ist rund 33.500 Hektar groß, und seine Exklusivität wird durch einen knapp 100 Jahre alten Beschluss gesichert. Champagner wird außerdem nach einem festgelegten Prozess hergestellt. So dürfen nur bestimmte Rebsorten dafür verwendet werden, etwa Pinot Noir, es darf nicht zu viel geerntet werden und nur von Hand.

✦✦✦

Aus roten Trauben wird Rosé-Champagner. Egal ob rote oder weiße Trauben: Aus 160 Kilogramm davon werden 102 Kilo Fruchtsaft gepresst. Etwa 83 Kilo davon sind von besonders guter Qualität und werden als “Cuvée” bezeichnet. Bei der ersten Gärung - in Stahltanks oder Eichenfässern - wird aus dem Most Wein. Die zweite Gärung passiert in der Regel in der Flasche. Dort kommen meist Grundweine aus verschiedenen Jahrgängen zusammen. Diese Gärung kann bis zu zwei Monate lang dauern. Es folgen Reifung, Rütteln, die Entfernung von Hefe aus dem Flaschenhals - das sogenannte Degorgieren - und die Dosage, bei der verloren gegangene Flüssigkeit ersetzt wird.

Champagner sollte acht Grad kühl sein. Und er braucht Platz im Glas: In einer Tulpe oder einer Flöte kann er sich am besten entfalten. Schalen oder Kelche sind weniger geeignet. Wenn man nicht extra Champagnergläser kaufen will, kann man kreativ werden: “Dann geht auch ein großes Weinglas”, rät Louise Brydon, Önologin bei Ruinart, gegenüber BUNTE Genuss & Stil.

Wie süß ein Champagner ist, zeigt die Bezeichnung auf dem Etikett: “Doux” ist am süßesten, “Brut” eher herb, “Ultra Brut” noch herber.

BUNTE - TIPP

Gießen Sie die Gläser nicht zu voll. Dann bleibt auch der letzte Schluck kühl. **Schenken Sie lieber häufiger nach!** Aus diesem Grund sollte man die Gläser auch am Stiel oder Fuß anfassen - so geht die Wärme der Hand nicht auf das Getränk über.

Die sieben Geschmacksrichtungen von Champagner

1 Brut Zero, Brut Nature, Ultra Brut
Hier ist wirklich null Zucker drin. Geschmack: herb-säuerlich

2 Extra Brut
"Brut" steht für "herb", in dem Fall "sehr herb"

3 Brut
Herb, aber etwas milder als Extra Brut

4 Extra Sec
Sehr trocken (sec), aber weicher als die Brut-Varianten

5 Sec
Trocken und noch etwas harmonischer als der Extra Sec

6 Demi Sec
Halbtrocken – bei Champagner ist das etwas lieblicher als bei Wein

7 Doux
Süß, ziemlich vollmundig, wird oft für Cocktails verwendet

BUNTE - TIPP

Für eine einfache **Champagner-Pyramide** brauchen Sie zehn Gläser: Stellen Sie vier in eine Reihe, stapeln Sie drei darauf, dann zwei, das letzte bildet die Spitze.

> *Wie sehen Sie Champagner heute?*
> "Als Luxusgetränk für die Feiermomente."
> *Wie halten Sie es selbst?*
> "Der tägliche Schluck gehört dazu."

Vitalie Taittinger (Präsidentin des Familienunternehmens Taittinger)

Crémant

Eine schöne Alternative zu Champagner ist Crémant: Dieser französische Schaumwein wird in den Regionen rund um die Champagne produziert. Bei seiner Herstellung haben die Winzer etwas stärker freie Hand und können mehr Rebsorten integrieren, zum Beispiel Chardonnay, Auxerrois oder Chenin Blanc. Strenge Regeln gibt es jedoch auch hier. Er muss aus ganzen Trauben gepresst werden und mindestens neun Monate auf der Hefe lagern. Daher kommt am Ende auch ein Produkt heraus, das mit Champagner durchaus mithalten kann.

Für Crémant wie auch Champagner gilt: Stellen Sie ihn rechtzeitig kalt, und servieren Sie ihn bei sechs bis sieben Grad. Und vor allem:

Genießen Sie es, diese wunderbaren Getränke mit Ihren Gästen zelebrieren zu können.

> „Sissi von Hardenberg hat sich in der Coronapandemie angewöhnt, bei jeder neuen Flasche Champagner, die sie öffnet, auf den Korken mit Edding Datum und Anlass zu schreiben: "Diese Korken-Sammlung ist wie eine Galerie schöner Erinnerungen. Eine tolle, neue Tradition."“
>
> Sissi von Hardenberg (Schmuckdesignerin, Unternehmerin)

Alkoholfreie Getränke

Wasser ist natürlich ein Muss. Säfte sind ebenfalls zu empfehlen, eine kleine Auswahl wie Orangen- und Apfelsaft reicht in der Regel schon aus – Akzente setzen können Sie mit eher ungewöhnlichen Sorten wie Mango, Traube oder Maracuja. Rhabarbersaft hat Karriere gemacht und wird von vielen gern als Schorle getrunken. Weitere alkoholfreie Alternativen sind Limonaden: Hier gibt es viele spannende Produktentwicklungen, die mit pappig süßen Softdrinks nur noch wenig gemeinsam haben. Lassen Sie sich im Getränkemarkt inspirieren, und wählen Sie gerade für lockere Abende wie Barbecues ein paar Limonaden in Flaschen aus.

BUNTE - TIPP

Anstoßen ist laut Knigge auch mit alkoholfreien Getränken erlaubt: wenn Sie in kleiner Runde zusammenkommen. In größeren Runden sollte man keine Saftgläser gegen Sektkelche klirren lassen, sondern dann lieber einander nur zuprosten. Ganz wichtig: Beim Zuprosten immer Blickkontakt halten!

Sitzordnung – ja oder nein?

Wenn Sie ein Dinner geben, können Sie entscheiden, ob Sie eine Sitzordnung vorgeben oder ob "freie Platzwahl" gilt. Beides hat Vor- und Nachteile, daher sollten Sie als Gastgeber/-in entscheiden, womit Sie sich besser fühlen.

Bei einer Sitzordnung geht es schneller, wenn sich alle an den Tisch begeben: Jeder weiß, wo er sitzt, und findet bei kleineren Runden schnell seinen Platz. Aber auch ohne Sitzordnung entscheiden sich die Gäste oft unkompliziert für einen Platz. Doch es kann den Gästen ein schönes Gefühl geben, wenn bereits ein Platz für sie vorgesehen ist. Es kann aber natürlich auch stressen, wenn man zwischen Sitznachbar/-innen platziert wird, mit denen man sich eher nicht gut versteht.

✦✦✦

Lassen Sie Ihr Bauchgefühl entscheiden! Und wenn Sie nur wegen der Platzkärtchen, die Sie so schön finden, eine Sitzordnung wollen, dann ist das völlig in Ordnung. Nach dem Essen können Sie solch eine Vorgabe ja auch wieder auflösen und die Gäste gezielt auffordern, gern den Platz zu wechseln und sich mit ihrem Getränk neben andere Gäste zu setzen. Das sollten auch Sie durchaus tun, denn es lockert die Runde auf und gibt allen die Chance, sich mit den Menschen zu unterhalten, die sie unbedingt sprechen wollen.

> "Früher war ich ein Fan der Sitzordnung, und man sollte sich unbedingt Gedanken machen, wen man einlädt. Wer passt zu wem? Wer hat gemeinsame Themen?", sagt Sissi von Hardenberg gegenüber BUNTE Genuss & Stil. "Aber heute liebe ich vor allem Tischgespräche. Wenn wirklich alle einem zuhören. Dann ist nicht mehr so wichtig, wer neben dir sitzt."
>
> Sissi von Hardenberg (Schmuckdesignerin, Unternehmerin)

Wenn Sie eine Sitzordnung festlegen, dann nehmen Sie die Gästeliste zur Hand und überlegen Sie, wer gut zu wem passen würde. Machen Sie ruhig eine Skizze vom Tisch und den Stühlen, und schreiben Sie die Namen dazu. Achten Sie dabei auf eine gute Mischung von Männern und Frauen, eher zurückhaltenden und eher extrovertierten Gästen sowie Menschen, die Sie schon lange kennen, und neueren Freund/-innen – die sich vielleicht untereinander kennenlernen wollen und sollen. Gleichzeitig sollte man als Gast auch möglichst neben jemandem sitzen, den man schon kennt; wenn Sie das für alle schaffen, ist es perfekt. Und: Sie dürfen Paare auch mal trennen.

BUNTE - TIPP

Sie können einfache **Tischkärtchen** mit einer schönen Handschrift gestalten. Dafür können Sie farbiges Papier bzw. Pappe verwenden und vielleicht Details aus der Deko als kleine Illustration übernehmen, zum Beispiel ein gezeichnetes Blatt oder ein anderes Symbol.

> „Mein Trick: Unter dem Teller für den ersten Gang liegt ein neues Platzkärtchen. Ein bisschen wie die Reise nach Jerusalem, aber immer ein Riesenspaß, und die Gruppe mischt sich neu. Saß jemand vorher nicht so optimal, hat er eine zweite Chance."

Edgardo Osorio (Schuhdesigner, Gründer von Aquazzura und leidenschaftlicher Gastgeber)

Ein romantisches Dinner

Die wohl "kleinste Einladung" der Welt spricht man an genau einen Menschen aus. Beim Candle-Light-Dinner sitzt man klassisch zu zweit am Tisch und genießt ein feines Menü bei Kerzenschein. Das ist Sinnbild für Romantik und hat wohl schon so manche Liebe entfacht oder neu belebt. Haben Sie Lust darauf, Ihrem/-r Partner/-in und Ihnen selbst einen schönen gemeinsamen Abend zu bereiten? Dann nur zu! So ein Dinner im Restaurant zu erleben, ist toll, es in der eigenen Wohnung auszurichten, kann ebenfalls großartig sein.

Klassische oder individuelle Anlässe

Anlässe dafür gibt es mehr als genug: Jahrestag des Kennenlernens, Hochzeitstag, Valentinstag oder andere "offizielle" Daten sind immer eine gute Gelegenheit. Vielleicht können Sie auch etwas ungewöhnlichere Jubiläen feiern, wie den Tag, an dem Sie sich zum ersten Mal geküsst haben. Oder Sie feiern einfach sich als Paar – an einem beliebigen Tag im Jahr. Das kann in bester Weise daran erinnern, dass es eben keine offiziellen Anlässe braucht, um sich selbst bewusst zu machen, wie wichtig man ist und wie sehr man das Glück schätzt, den anderen in seinem Leben zu haben.

In der TV-Show *First Dates* überrascht Roland Trettl Singles mit einem Kennenlern-Menü. Er ist also Experte dafür, welches Essen sich besonders gut für ein romantisches Dinner eignet.

Welche Rolle spielt Genuss beim Dating? Als TV-Gastgeber bei den First Dates sind Sie da ja Experte.

Na, eine große, vor allem in der Kombination mit Essen. Bei den Kennenlern-Menüs können die Singles so viel übereinander lernen. Fasst der andere seine Spareribs mit den Fingern an? Schlürft er Muscheln? Das kann mich anziehen oder abstoßen, jedenfalls weiß ich, woran ich bin.

Zählt auch, was Sie servieren? Gibt es dabei No-Gos?

Null. Aus meiner Sicht darf es gern etwas Ungewöhnliches sein, bloß nichts so Traditionelles wie ein Wiener Schnitzel. Ich habe beim ersten Date mit meiner Frau Daniela ein Côte de Boeuf gemacht, schön blutig. Diesen Härtetest hat sie bestanden. So richtig überzeugt hat sie dann aber mein cremiges Risotto. Mit dem habe ich sie weichgekocht.

Was kann das Risotto so Besonderes?

Ach, so viel. Du musst den Reis geradezu streicheln. Gefühlvoll rühren, mit Hüftschwung. Essen ist sinnlich, Kochen kann für mich schon das beste Vorspiel sein.

Was ist mit gemeinsamem Kochen?

Daniela ist eine wunderbare Köchin, aber gemeinsam ... Nein, wir versuchen es immer wieder, aber wir sind wohl beide Alphatierchen. Besser ist, einer kocht, der andere schaut zu. Dabei kann man toll reden. Das funktioniert auch, wenn sich Paare kennenlernen.

Was braucht man noch zum Kochen?

Unbedingt Mut. Das heißt für mich, mit wenigen Lebensmitteln auszukommen. Viele Köche bieten immer noch 25 Komponenten auf einem Teller an. Sind fünf davon Mittelmaß, schmeckt man das gar nicht. Ich nenne das Kochen mit Notfallschirm. Liegen dagegen nur drei Lebensmittel auf dem Teller, müssen die perfekt sein.

✦✦✦

Das Candle-Light-Dinner lebt von der klassischen Inszenierung: Es soll ein außergewöhnlicher Abend in besonderer Atmosphäre sein. Setzen Sie daher durchaus auf die klassische Ausstattung mit weißer Tischdecke, feinem Geschirr, auf Hochglanz polierten Gläsern, guter Musik und den obligatorischen Kerzen. Die Beleuchtung ist ein wichtiger Faktor: Schalten Sie so viele Lampen wie möglich aus, also kein grelles Deckenlicht oder andere Strahler anlassen. Gleichzeitig sollten Sie natürlich auch nicht im Dunkeln sitzen. Nutzen Sie kleinere Lampen, und ergänzen Sie mit Kerzen. Ein schönes Upgrade sind auch rote Rosen – vielleicht als üppiger, großer Strauß mit je einer Blüte pro gemeinsam verbrachtem Jahr? Oder kleiner, witzig-charmanter Kitsch wie Konfetti in Herzform auf dem Tisch? Seien Sie spielerisch, und tun Sie, was Ihnen Spaß macht. Im Zweifel sind Sie unter sich: Es soll Ihnen beiden gefallen, sonst niemandem!

Die heimischen vier Wände mal anders erleben

Tragen Sie ruhig etwas dicker auf, auch wenn es Ihnen im ersten Moment vielleicht übertrieben vorkommen mag, den Esstisch, an dem Sie sonst am Abend Pizza und Risotto essen oder morgens mit einer Zeitung in der Hand Ihr Marmeladenbrötchen verspeisen, jetzt so "aufzuhübschen". Aber es kann ja auch spannend sein, die heimischen vier Wände mal ganz anders zu erleben – und damit auch den Partner oder die Partnerin mal wieder in neuem Licht zu sehen.

Es soll ein festlicher Abend sein, das heißt aber nicht, dass Sie sich als Haute-Cuisine-Koch/-öchin beweisen müssen. Geben Sie sich Mühe, und zeigen Sie damit dem Gegenüber Wertschätzung, aber bleiben Sie auch authentisch. Dazu gehört, dass Sie Gänge auswählen sollten, bei denen Sie sicher sind, dass Sie sie gut bewältigen können – sowohl zeitlich als auch von Ihrem Können her – und die Sie beide gern mögen. Besonders schön ist es, wenn Sie einen besonderen Bezug zu dem Essen haben: Vielleicht kochen Sie ein Gericht nach, das Sie in einem gemeinsamen Urlaub gern gegessen haben. Oder Sie bereiten den Lieblingssalat Ihres Partners als Vorspeise zu. Sie kaufen sein oder ihr Lieblingsbrot oder den Crémant, den Sie zu Ihrer Hochzeit ausgeschenkt haben.

Auch Spaghetti bolo können ein Festmahl sein

Es können auch Spaghetti bolognese sein, die an diesem Abend für Sie beide einfach perfekt passen und ein wahres Festmahl abgeben! Dabei können Sie ja dann vielleicht zu besonders hochwertigen Zutaten greifen und alles schön inszenieren: Statt wie sonst einfaches Hack im Supermarkt zu kaufen, greifen Sie diesmal zu feinem Tatar vom Metzger, Sie nehmen frische Nudeln aus dem Feinkostladen dazu und nutzen den besten Parmesan, den Sie finden können. Vermeintlich profane Pasta können Sie auch durch eine edlere Vorspeise ergänzen oder mit einem raffinierten Dessert abschließen. Es kommt vor allem auf die Liebe und Sorgfalt an, mit der Sie die Zutaten auswählen und das Gericht zubereiten sowie servieren – Sie senden damit an Ihren Lieblingsgast die Botschaft, wie wertvoll er für sie ist.

Auch elegante Outfits zu tragen, unterstreicht die festliche, romantische Stimmung an so einem Abend. Im Abendkleid in der eigenen Küche zu sitzen, kann einen ganz besonderen Charme haben. Und wenn Sie dann noch zu Musik, die Sie beide mögen, nach dem Essen im Wohnzimmer ein paar Runden tanzen, ist die Romantik perfekt.

Locker bleiben und Erwartungen herunterschrauben

Doch wie so oft im Leben ist auch hier weniger mehr: Setzen Sie Ihre/-n Partner/-in nicht damit unter Druck, dass bei Ihnen zu Hause ein großes Menü gekocht wird und sofort supergefühlvolle Stimmung aufkommen muss. Laden Sie locker ein, und lassen Sie möglichst alles lässig wirken. Das gelingt am besten, wenn Sie sich mit den Vorbereitungen nicht übernehmen und den Abend einfach genießen.

Gerade nach einem anstrengenden Tag überfordert ein solches Arrangement vielleicht auch, und wenn Ihre Erwartungen zu hoch sind, kann die Stimmung schnell kippen, weil Sie vielleicht enttäuscht sind, wenn es nicht so läuft, wie Sie es sich vorgestellt haben. Das Leben funkt eben manchmal dazwischen, und wenn Ihr Partner oder Ihre Partnerin sich erst mal über den nervigen Tag im Büro aussprechen muss, bevor er oder sie entspannt den Abend genießen kann, dann lassen Sie das geschehen, und genießen Sie die Vertrautheit, die Sie beide auch bei solchen Alltagsthemen haben.

Pasta bolognese

Vor-/Zubereitungszeit: ca. 45 Minuten

Zutaten für ca. 4 Portionen

- 1 kg Hackfleisch (halb Rind, halb Schwein)
- 60 ml Olivenöl
- 280 g rote Zwiebeln (klein gewürfelt)
- 80 g Lauch (klein gewürfelt)
- 100 g Stangensellerie (klein gewürfelt)
- 100 g Karotten (klein gewürfelt)
- 160 g Bauchspeck (klein gewürfelt)
- 2–3 Knoblauchzehen (gehackt)
- 1 TL Pfeffer (eine elegante Pfeffermischung)
- ½ TL Piment d'Espelette (ersatzweise Chilipulver)
- ½ TL Majoran
- 1 TL Pimentón de la Vera (geräuchertes Paprikapulver)
- 100 g Sojasoße
- 150 g Sobrasada (luftgetrocknete Wurst, klein gewürfelt)
- 200 ml Rotwein
- 2–3 Lorbeerblätter
- 200 g kleine Kirschtomaten (geschnitten)
- Salz
- ein Stück Parmesan
- Butter nach Belieben

1 Hack in einer Pfanne in 30 ml Öl kräftig anbraten. Gemüse und Speck in einem großen Topf in 30 g Öl anbraten. Hack einrühren. Knoblauch, Gewürze, Sojasoße und Sobrasada zufügen und kurz weiterbraten.

2 Mit Rotwein ablöschen. Lorbeer, Tomaten und 500 ml Wasser zufügen und mit Salz abschmecken. 4 Stunden köcheln lassen und am besten erst am nächsten Tag essen.

3 Nudeln kochen (wie das geht, müssen wir jetzt nicht erwähnen …).

4 Zum Anrichten Parmesan darüberreiben.

Mottopartys

Die einen lieben sie, die anderen wollen am liebsten gar nicht hingehen: Mottopartys sind ein Kapitel für sich. Dabei kann ein Motto einem Fest einen Rahmen beziehungsweise einen roten Faden geben, der für gute Stimmung sorgt und vielen Gästen besonders Spaß macht. Man kann zwischen einem echten Kostümfest, das ein Motto hat, und einer Party, die sich einem Thema verschreibt, unterscheiden. Bei einem Kostümfest wird von den Gästen erwartet, dass sie passend verkleidet kommen; bei einer Themenparty sind vor allem Deko, Essen und Getränke an ein bestimmtes Thema oder Motto angepasst, und nicht immer erwarten die Gastgeber/-innen auch von den Gästen, dass sie dazu etwas beitragen.

Motto möglichst allgemein halten

Fangen wir mit dem Kostümfest an: Es gibt Menschen, bei denen die Aussicht auf einen Abend in Verkleidung euphorische Glücksgefühle hervorruft, andere verweigern es geradezu. Sie werden es als Gastgeber/-in nie allen recht machen können. Daher entscheiden Sie selbst, worauf Sie Lust haben: Wenn Sie selbst Kostümierungen mögen, dann laden Sie einfach zu so einem Fest ein.

Halten Sie das Thema möglichst allgemein, und achten Sie darauf, dass es möglichst positiv und gut gelaunt wirkt, damit alle ohne größeren Aufwand eine passende Kostümierung finden und es eher bunt als trist werden kann: Mit "Arthouse der Sechziger" können wahrscheinlich weniger Gäste etwas anfangen als mit "Swinging Sixties". Filme können perfekte Themen abgeben – es sollten dann aber echte

Klassiker sein, die möglichst viele Gäste kennen, wie etwa *James Bond*. Auch einfache Begriffe wie Glamour, Rockstar, Promis oder Hollywood sind gut geeignet. Dazu findet jeder etwas, was für ihn oder sie passt: Man kann bei der Glamour-Party einfach das kleine Schwarze mit Goldschmuck und aufwendiger Frisur upgraden oder ein großes Ballkleid auftragen – diese Bandbreite sorgt für den Grad an Freiheit, der es auch den Gästen, die weniger Spaß am Verkleiden haben, leicht macht, den Abend zu genießen und bei der Vorbereitung zu Hause nicht in zu großen Stress zu verfallen. Beim Thema "Astrologie" können sich alle als Sternzeichen verkleiden – neben dem Sonnenzeichen gibt es hier ja auch noch die Alternativen Aszendent oder Mondzeichen. Beliebt sind auch Mottos wie "Helden der Kindheit", "Superhelden" oder Länder wie Italien, Spanien, Japan. Etwas mehr Humor brauchen Ihre Gäste für Themen wie "Trash", "Bad Taste" oder "Ugliest Sweater" – schauen Sie einfach, was Sie mögen und was den Eingeladenen gefallen könnte.

Recht einfach umzusetzen sind zum Beispiel Farb-Mottos: "All White" ist dabei bereits ein Klassiker. Unter anderem hat Rapper Sean Combs alias P. Diddy das Format berühmt gemacht, als er jedes Jahr zu einer "White Party" einlud. Die Gäste kleideten sich komplett in Weiß und tanzten die ganze Nacht durch. Auch alle anderen Farben können Inspiration für Feste sein – kommunizieren Sie in der Einladung, dass Sie sich wünschen, dass alle in blauem, rotem oder grünem Outfit erscheinen.

"Kostümierung ausdrücklich erwünscht"

Eher schwierig kann es auch sein, wenn Sie in der Einladung schreiben, dass eine Kostümierung gewünscht, aber nicht Pflicht ist. Wenn viele Gäste dann ohne Verkleidung kommen, ist es für die wenigen im Kostüm vielleicht unangenehm. Andererseits verträgt jede Kostümparty eine Handvoll “Verweigerer”, die partout nicht verkleidet kommen wollen - und es wäre schade, wenn sie deshalb nicht dabei wären. Sie sollten daher in der Einladung etwas schreiben wie: “Bitte kommt in einem passenden Kostüm!” oder “Passende Kostümierung ausdrücklich erwünscht - ich würde mich sehr freuen!”. Dann können die absoluten Verkleidungsgegner sich selbstbewusst dagegen entscheiden, während andere Unentschlossene sich wahrscheinlich trotzdem überwinden.

✦✦✦

Bei Kostümfesten sollten Sie bei Deko und Getränken auch etwas größer auffahren: Versuchen Sie, an möglichst vielen Stellen kleine Details umzusetzen. Die Drinks können passende Namen bekommen, oder Sie servieren beispielsweise bei der Hollywood-Party eiskalte Coca-Cola - die Sie bei einer “normalen” Geburtstagsparty vielleicht eher nicht anbieten würden. Auch das Essen kann angepasst sein: Zu “Hollywood” passen beispielsweise Hamburger und Pommes gut - und natürlich Popcorn! “Glamour” schreit nach Glitzer, und der kann zum Beispiel in Girlandenform in die Deko einziehen, es gibt Servietten im Glitzerlook, Folienballons oder Strohhalme. Auch goldenes Besteck passt hier perfekt.

Eine Fotobox ist für ein Kostümfest super geeignet, weil dort alle Gäste mit ihren Outfits aufgenommen werden können. Die Boxen können Sie mieten, oftmals werden die Bilder vor Ort in den klassischen Fotostreifen ausgedruckt, aber es ist auch möglich, dass sie zusätzlich digital gespeichert werden.

Ein Motto als Leitfaden für Gastgeber/-innen

Die Alternative zum Kostümfest ist die Mottoparty, bei der die Gäste nichts oder kaum etwas zum Motto beitragen müssen, sondern bei der lediglich Sie als Gastgeber/-in das Motto als Leitfaden für den Abend nutzen. Sie haben ein Thema im Kopf und können dann alles oder Teile des Abends darauf abstimmen, vom Buffet oder dem Menü über die Getränke bis zur Deko, Musik und eventuell einem Rahmenprogramm.

Bei der "Bahamian Night" ist die Deko beispielsweise türkisblau wie das Meer an den feinsandigen Stränden der karibischen Inseln, Hummer aus Plastik könnten am Buffet liegen, und in den Cocktailgläsern geht es besonders bunt zu. Sie können Fisch und Meeresfrüchte servieren oder landestypische Gerichte wie Hühnchen in Bananenkruste, dazu Mango und Papaya, viel Kokosnuss und Currysoßen. Wenn Sie draußen feiern und es ein sehr sonniger Tag ist, können Sie auch ein paar Strohhüte oder farbig passende Fächer bereitlegen. Wenn Sie Personal einsetzen, können diese dann passende T-Shirts oder Namensschilder im einheitlichen Look tragen. Auch jegliche Papeterie ist leicht in einem Stil umzusetzen, Sie können dafür Online-Tools wie Canva.com nutzen: Entwerfen Sie ein Design für Menükarten, Fähnchen fürs Buffet oder kleine Aufsteller für die Tische, auf die Sie passende Zitate drucken wie "SALT IN THE AIR – SAND IN YOUR HAIR", "JUST PARADISE" oder "WHY SEE THE WORLD, WHEN YOU GOT THE BEACH?". In diesem Stil können Sie unendlich weiterdenken: Was ist typisch für ein Land, für eine Stimmung – und wie können Sie das auf Ihr Fest übertragen?

Haushalten Sie dabei gut mit Ihren Ressourcen, sowohl was Zeit und Geld als auch Planungsaufwand angeht. Schauen Sie, welche

Möglichkeiten Sie haben, welche Utensilien Sie leihen können oder selbst schon haben. Auch günstige Upcyclings sind hier gut möglich, etwa wenn Sie Objekte mit Sprühfarbe umgestalten. Leben Sie gern Ihre Freude am Dekorieren aus, wenn Sie wirklich Spaß daran haben, aber verfallen Sie nicht in Perfektionismus.

> „Ich liebe es, Gäste einzuladen, den Tisch zu dekorieren und mir ein tolles Menü zu überlegen. Es ist immer eine gute Idee, den Abend in einen Kontext zu setzen. Ein lockeres Thema wie Spanischer Abend, der sich als roter Faden durchs Dinner zieht: Tapas, später eine Paella, dazu Salsa-Musik und mediterrane Deko."
>
> Sissi von Hardenberg (Schmuckdesignerin, Unternehmerin)

Saftig gebratener Truthahn

Zutaten für 4-6 Portionen

- 4 kg Truthahn
- 14 Streifen Speck
- 4 Zweige Majoran
- 200 g Weißbrot
- 2 Stangen Staudensellerie
- 3 Äpfel
- 50 g Walnüsse
- 1 Ei
- 300 g Knollensellerie
- 3 Karotten
- 400 ml Hühnerbrühe
- 100 ml Schlagsahne
- 50 g Butter
- Salz, Olivenöl, Pfeffer

Vor-/Zubereitungszeit: ca. 60 Minuten

1 Den Backofen auf 160°C vorheizen. Den Truthahn von außen und innen mit Pfeffer und Salz einreiben. Speck in kleine Würfel schneiden. Majoranblätter abzupfen und grob hacken. Weißbrot, Staudensellerie und 2/3 der Äpfel in kleine Würfel schneiden.

2 Den Speck in der Pfanne knusprig braten und den Majoran hinzugeben. Anschließend beiseitestellen.

3 Weißbrot, Äpfel, Sellerie und Walnüsse mit dem krossen Speck vermengen. Ein Ei hinzugeben und alles gut miteinander vermengen. Die Füllung mit Salz und Pfeffer würzen.

4 Anschließend Truthahn mit der Masse füllen.

5 Die Öffnung mit einem Küchengarn gut verschließen und anschließend den Truthahn mit Olivenöl einreiben.

6 Knollensellerie schälen und zusammen mit Karotten und dem restlichen Apfel in kleine Würfel schneiden.

7 Den gefüllten Truthahn mit der Brust nach oben in einen Bräter legen. Karotte, Sellerie und Apfelstücke um den Truthahn verteilen. Im vorgeheizten Backofen bei 160 °C für ca. 2-2,5 Stunden braten. Etwa alle 30 Minuten mit der Hühnerbrühe übergießen. Die Ofentemperatur für die letzten 30 Minuten auf 200 °C erhöhen.

8 Anschließend den Truthahn auf einer Servierplatte anrichten und ca. 10 Minuten ruhen lassen. In der Zwischenzeit die überschüssige Flüssigkeit vom Bräter in einen kleinen Topf füllen. Schlagsahne und Butter hinzugeben und zum Kochen bringen und unter ständigem Rühren 1-2 Minuten köcheln lassen. Die Soße zum Truthahn servieren.

Gerösteter Rosenkohl

Vor-/Zubereitungszeit: ca. 25 Minuten

Zutaten für 4–6 Portionen

- 1.200 g Rosenkohl
- 3 Karotten
- ¾ Knollensellerie
- 30 g Petersilie
- 1½ TL Zucker
- Salz
- Pfeffer
- Muskat (gemahlen)
- Pflanzenöl zum Anbraten

1 Karotte und Knollensellerie schälen und sehr fein würfeln. Petersilienblätter vom Stiel entfernen und in dünne Streifen schneiden. Strunkansätze vom Rosenkohl abschneiden und verfärbte Blätter entfernen. Wahlweise den Rosenkohl im rechten Winkel zum Ende in dünne Scheiben schneiden oder die Blätter einzeln abziehen.

2 Rosenkohl, Karotten, Knollensellerie und Zucker in etwas Pflanzenöl bei mittlerer Hitze ca. 8–10 Minuten anbraten, bis sie goldbraun sind. Petersilie hinzugeben und mit Salz, Pfeffer und Muskat würzen.

Pumpkin Pie

Vor-/Zubereitungszeit: ca. 40 Minuten

Zutaten

- ○ 300 g Mehl
- ○ 170 g Butter (kalt, gewürfelt)
- ○ 70 ml Wasser (kalt)
- ○ 1½ TL Salz
- ○ 500 g Hokkaidokürbis (ungeschält)
- ○ 150 g Zucker
- ○ 1 TL Zimt
- ○ ½ TL Ingwer (frisch, gerieben)
- ○ ¼ TL Nelken (gemahlen)
- ○ ½ TL Piment (gemahlen)
- ○ ¼ TL Muskat (gemahlen)
- ○ 1 Vanilleschote (Mark)
- ○ 350 ml Schlagsahne
- ○ 3 Eier
- ○ Schmand zum Servieren
- ○ Butter zum Einfetten
- ○ Mehl für die Arbeitsfläche

1 Mehl, kalte Butter und Salz in der Küchenmaschine vermengen. Kaltes Wasser hinzugeben. Anschließend mit der Hand zu einem geschmeidigen Teig kneten.

2 Den Teig in Frischhaltefolie einrollen und ca. 30 Minuten kühl stellen. Den Backofen auf 200 °C vorheizen.

3 In der Zwischenzeit den Kürbis halbieren, entkernen und in kleine, etwa gleich große Würfel schneiden.

4 Kürbis mit Zucker, Salz, Gewürzen und Schlagsahne in einen großen Topf geben. Aufkochen lassen und anschließend die Hitze reduzieren. Mit einem Deckel bedeckt ca. 20 Minuten köcheln lassen, bis der Kürbis gar ist. Gelegentlich umrühren.

5 Nun den Kürbis pürieren und zum Abkühlen beiseitestellen. Bei Bedarf die Tarteform einfetten.

6 Mit dem Nudelholz den Teig kreisförmig ausrollen. Der runde Teig sollte dabei etwas größer als die Tarteform sein. Auf einer bemehlten Fläche den Teig einige Male wenden, um Ankleben zu verhindern. Mit dem Nudelholz über die Tarteform rollen, um überschüssigen Teig zu entfernen.

7 In einer großen Schüssel den gekochten Kürbis mit den Eiern vermengen.

8 Die Füllung in die ausgelegte Tarteform geben und bei 200 °C für ca. 15 Minuten backen. Anschließend die Temperatur auf 170 °C reduzieren und für weitere 40 Minuten backen.

Knigge auf moderne Art

Gutes Benehmen ist angesagter denn je – viele der Regeln des berühmten Freiherrn von Knigge gelten noch immer oder werden modern interpretiert. Clemens Graf von Hoyos ist Knigge-Experte: Als Chef der Deutsche-Knigge-Gesellschaft e. V. weiß er, wie man sich als Gast genauso wie als Gastgeber/-in immer genau richtig verhält. In dem Verein engagieren sich Trainer/-innen ehrenamtlich dafür, die Ideen von Knigge zu pflegen und zu erhalten. Bei ihnen kann man lernen, welche Empfehlungen es gibt und wie man sie praktisch umsetzt. Das Standardwerk *Über den Umgang mit Menschen* von Adolph Freiherr von Knigge ist erstmals 1788 erschienen. Es ist eine soziologische

Abhandlung, die weniger eine steife Etikette beschreibt, sondern vielmehr ein Verhalten, das heute als "Impressionsmanagement" betitelt wird: In unserem persönlichen Auftreten wirken wir auf andere Menschen. Und es ist gut, wenn man weiß, wie man als Gast oder Gastgeber/-in einen möglichst guten Eindruck hinterlässt.

1 OBERSTE BROT-REGEL

Couvert-Brot, das zum Essen gereicht wird, nicht schneiden, nur brechen. Butter nicht schmieren, nur Flöckchen drauftupfen. Stichwort Kohlenhydrate: Ein guter Gast thematisiert Food-Intoleranzen und -Vorlieben nicht, sondern isst ums Corpus Delicti drum rum.

2 MITBRINGSEL

In UK und den USA schickt man Blumen am Vortag oder danach. Hierzulande darf man am Tag selbst Blumen mitbringen. Vasen parat halten! Vorsicht bei Wein. Könnte als Kritik am Wein des Gastgebers aufgefasst werden. Einfach sagen: "Für dich in einer ruhigen Stunde. Bin gespannt auf deine Meinung."

3 HANDY WEG!

Smartphones nie auf den Tisch. Außer man erwartet wichtige Anrufe (z. B. Babysitter). Dann auf Vibration stellen, mit Display nach unten neben den Teller. Wichtig: vorher Anruf ankündigen und sich entschuldigen. Für Instagram-Addicts: Gastgeber und Gäste fragen, ob man posten darf – und Fotos erst zeigen.

4 EINE FRAGE DER HALTUNG

Anlehnen nur zwischen den Gängen. Sonst: aufrecht sitzen. Zwischen Rücken und Lehne passt eine Faust, zwischen Bauch und Tisch eine Biskuitrolle. Hände nur bis knapp übers Handgelenk auflegen. Sobald man sitzt, Serviette auf den Schoß. Offene Kanten vom Körper weg. Mund nur an den Innenseiten der Serviette abtupfen.

5 GRÄTEN-ALARM

Olivenstein, Gräten & Co. kommen auf demselben Weg raus, wie sie in den Mund gelangt sind – über Gabel oder Löffel. Alles, was aus dem Mund entfernt wird, auf Elf-Uhr-Position am Teller ablegen.

Einfühlungsvermögen statt starrer Regeln

Für Clemens Graf von Hoyos ist ein moderner Gastgeber demnach auch niemand, der sich nur starr an Regeln hält, sondern jemand, der vor allem Einfühlungsvermögen beweist und eine Wohlfühlatmosphäre schaffen kann. Er selbst nennt gegenüber *BUNTE Genuss & Stil* ein Beispiel: Seine Frau und er haben zur Hochzeit Weingläser geschenkt bekommen, die sehr wertvoll sind. Deshalb stehen sie aber nicht wie in einem Museum im Schrank, sondern werden trotzdem genutzt. Manche Gäste haben Hemmungen, damit anzustoßen. Und wenn eines zu Bruch geht, ist das für sie natürlich umso unangenehmer. Der Graf entschärft diese Situation immer sofort, indem er erklärt: "Ups, das passiert normalerweise immer mir!" Die Angst, etwas falsch zu machen, ist für viele Gäste ein Gefühl, das sie ausbremst. So rät der Graf unter dem Motto "Ein guter Gastgeber macht selbst den ersten Fleck aufs Tischtuch" dazu, bewusst mehr Entspannung in die Runde zu bringen.

So wie dieser Charme die Stimmung hebt, leisten alle Knigge-Empfehlungen ihren Beitrag zu einer guten Atmosphäre am Tisch. Und sie geben allen Beteiligten Sicherheit, denn es braucht kein teures Outfit, um anerkannt zu werden, sondern den Unterschied macht vielmehr, ob man sich in Gesellschaft bewegen und benehmen kann.

Blumen bereits am Vortag schicken

Teilweise gibt es spannende Bräuche der Höflichkeit in anderen Ländern: So schickt man als Gast beispielsweise in den USA und in Großbritannien einen Tag vor einer Einladung Blumen an die Gastgeber/-innen oder einen Tag danach. So ist es eine schöne Überraschung in der meist anstrengenden Zeit der Vorbereitungen – und die Gastgeber/-innen können in Ruhe eine passende Vase bereitstellen. Wein ist für Clemens Graf von Hoyos als Gastgeschenk ein bisschen heikel: Der/die Gastgeber/-in könnte es falsch verstehen und denken, dass der Gast seinem Weingeschmack nicht vertraut oder dieser ihm sogar missfällt. Eine Bemerkung "Für dich in einer ruhigen Stunde. Bin gespannt auf deine Meinung" sei hier eine gute Lösung, um keine Verstimmung aufkommen zu lassen.

Bei Tisch gelten einige Regeln nach wie vor: So sollte man Besteck, sobald es einmal aufgenommen wurde, nicht mehr flach auf den Tisch legen, sondern nur noch so auf den Tellerrand, dass es die Tischdecke nicht mehr berührt. Diese Empfehlung wird als "Ameisenbrücke" bezeichnet: Dahinter steckt die Vorstellung, dass Ameisen Messer und Gabel als Steg zum Teller nutzen könnten, wenn man sie halb auf dem Tuch abstellt.

Aufrecht sitzen und nicht anlehnen

Die Serviette sollten Sie auf Ihren Schoß legen, sobald Sie sitzen. Lassen Sie dabei die offenen Kanten nach vorn, vom Körper weg, zeigen. Wenn Sie die Serviette benutzen, dann bitte nur die Innenseite des Stoffes nehmen, um den Mund daran abzutupfen. Und egal wie bequem die Stühle sind, auf denen Sie beim Essen sitzen: Lehnen Sie sich nur zwischen den Gängen an! Sobald gegessen wird, sollten Sie aufrecht sitzen – zwischen Rücken und Stuhl eine Faustbreit Platz, zwischen Bauch und Tisch etwa die Breite einer Biskuitrolle.

Ebenfalls wichtig: Die Gläser sollten nie leer sein! Die Faustregel: Ab der Hälfte wird nachgeschenkt. Das hilft auch dabei, die Temperatur möglichst konstant zu halten. Statt "Prost!" sagt man laut von Hoyos besser "Zum Wohl!". Weiterhin sollten Sie Brot, das zum Essen gereicht wird, nicht schneiden, sondern immer nur brechen. Das sogenannte "Couvert-Brot", das zur Vorspeise gereicht wird, sollten Sie am besten in kleine Happen brechen und dann jeden von ihnen einzeln mit Butter oder Aufstrichen bestreichen. Dabei schmieren Sie es bitte nicht wie ein Butterbrot, sondern geben den Aufstrich in kleinen Flöckchen darauf. "Stichwort Kohlenhydrate", so von Hoyos: Ein guter Gast thematisiere Food-Intoleranzen und -Vorlieben nicht, sondern esse ums Corpus Delicti herum.

Olivensteine am Tellerrand ablegen

Wenn das Essen Dinge enthält, die Sie nicht essen können oder wollen – zum Beispiel Gräten beim Fisch oder Steine in den Oliven –, dann sollten Sie diese niemals einfach ausspucken, nicht auf den Teller und schon gar nicht auf die Hand. Geben Sie sie stattdessen dezent direkt aus dem Mund auf Gabel oder Löffel, und legen Sie sie dann am Tellerrand ab – ungefähr da, wo der Zeiger der Uhr die Elf zeigt.

Das Handy hat auf dem Tisch nichts zu suchen und sollte lautlos gestellt und in die Tasche gelegt werden, vor allem während des Essens. Einzige Ausnahme ist, wenn zum Beispiel Eltern für den Babysitter erreichbar sein müssen – dann bitte auch auf stumm, aber auf Vibration stellen und mit dem Display nach unten ablegen. Plus: vorher kurz den anderen Gästen gegenüber begründen und sich entschuldigen. Wenn mit dem Handy Fotos gemacht werden, dann bitte nicht beim Essen – niemand mag sich selbst mit kauendem Mund auf Instagram wiederfinden. Stichwort Social Media: Bevor Sie ein Bild posten, sollten Sie immer die Menschen darauf und auch den Gastgeber um ihr Einverständnis bitten und ihnen das Foto vorher auch zeigen.

> „Die Etikette gehört zu unserer Kultur, Rituale und Symbole geben uns Sicherheit."
>
> Enrico Brissa (Protokollchef des Deutschen Bundestags)

PROMITIPP

Enrico Brissas Tipps für Gäste

1. Wohin mit der Serviette?
   Kunstvoll drapierte Servietten werden entfaltet und halbiert auf den Schoß gelegt. Man verwendet sie, um den Mund abzutupfen, niemals, um hineinzuschnäuzen! Und bitte auch nicht um den Hals wickeln! Lätzchen sind für Babys da.
2. Zuhören, bitte!
   Während einer Tischrede - egal wie ermüdend sie sein mag - hören Gäste höflich zu. Der Brotkorb bleibt unangetastet, auch wenn der Magen knurrt.
3. Sakko bleibt an
   Bei Hitze gilt durchatmen - Herren legen ihr Jackett niemals ab. Sollte der Gastgeber oder der Ehrengast allerdings schwach werden und zum Ablegen auffordern, dürfen die Gäste folgen.

Gastgeschenke

Kleine Geschenke zu überreichen, macht immer Freude – und zwar beiden Seiten.

Von Gast an Gastgeber/-in

Sie sind selbst eingeladen? Es ist eine nette Geste, wenn Sie dem/-r Gastgeber/-in eine Kleinigkeit mitbringen. Über Blumen freut sich jeder. Wenn viele Gäste kommen, bedeutet das aber im Zweifel auch viele Sträuße. Eine gute Alternative kann alles Ess- oder Trinkbare sein:

Pralinen, ein besonderer Wein oder eine Köstlichkeit aus dem Feinkostgeschäft. Besonders toll ist es natürlich, wenn Sie wissen, dass es dem oder der Gastgeber/-in besonders gefällt, weil es beispielsweise aus dem Lieblings-Schokoladengeschäft stammt.

Seien Sie zurückhaltend bei allen Dingen, die in der Wohnung aufgestellt oder aufgehängt werden müssen, wie Bildern, Kerzenständern oder anderen Deko-Objekten: Jeder hat seinen eigenen Geschmack und meist schon eine konkrete Vorstellung davon, wie die Wohnung gestaltet sein soll. Zusätzliche Dinge finden nicht immer noch Platz, setzen Gastgeber/-innen aber unter Druck, sie auch einzusetzen. Daher ist alles gut, was verbraucht werden kann: Neben Leckereien oder Getränken kann das auch eine tolle Handcreme sein. Oder eine Duftkerze. Gutscheine sind eher weniger geeignet, sie wirken wie ein Geldgeschenk und sind nicht besonders individuell: Wenn Sie aber die/den Gastgeber/-in gut kennen und wissen, dass es ihr Freude macht, in einem Geschäft selbst etwas auszusuchen, dann kann das eine geeignete Variante sein. Wichtig ist dann wirklich, dass der Voucher sich auf ein Thema bezieht, das einen persönlichen Bezug hat – zum Beispiel ein Fachgeschäft für Küchenutensilien für leidenschaftliche Köch/-innen oder ein Feinkostladen für Gourmets.

Gut als Gastgeschenk geeignet sind auch einfache Alltagsgegenstände, die besonders ästhetisch gestaltet sind: ein Design-Flaschenöffner, ein besonderes Mikado-, Schach- oder Kartenspiel. Der französische Schuhdesigner und Society-Netzwerker François Graf du Chastel rät, kleine Details nicht zu übersehen: “Sollten die Gastgeber Kinder haben, ist es für wenig Budget sehr leicht, auch ihnen eine Freude zu machen.” Und: “Man sollte immer überlegen, wem das Haus gehört, in das man eingeladen ist. Ist es nicht der Gastgeber, sondern sind es vielleicht die Eltern oder Geschwister, ist es auch angemessen, den Hausherrn zu beschenken." Eine Karte ist seiner Meinung nach nur nötig, wenn man das Geschenk nicht persönlich überreichen kann oder so viele eingeladen sind, dass es in der Menge untergehen könnte. Wichtig sei, dass man nicht immer das Gleiche mitbringt und sich an die letzten Mitbringsel erinnert, um Dopplungen zu vermeiden.

> Als Gast sollte mein erster Gedanke bei einer Einladung nicht dem Outfit gewidmet werden, sondern dem Geschenk für den Gastgeber. Champagner, saisonale Blumen oder hochwertige Leckerbissen erfreuen fast jeden. Aber je individueller das Mitbringsel auf den Gastgeber abgestimmt ist, desto besser. Das kann ein Buch sein, das zu seinem Interessengebiet passt. Aber auch etwas Personalisiertes wie Briefpapier oder etwas mit Initialen Besticktes wie eine kleine Kulturtasche, Hausschuhe oder Taschentücher.

François Graf du Chastel, Gründer des Schuhlabels Chatelles

Von Gastgeber/-in an Gast

Bei größeren Anlässen oder wenn Sie einfach Lust darauf haben, können Sie auch Ihren Gästen eine Kleinigkeit mit auf den Weg geben. Hier eignet sich natürlich alles gut, was kulinarisch oder thematisch mit der Einladung in Verbindung steht: Vielleicht nutzen Sie in Ihrer Küche ein besonderes Salz und schenken jeweils ein Fässchen davon oder geben eine Flasche von dem getrunkenen Wein mit nach Hause. Wenn es ein

"Italienischer Abend" war, dann können Sie die passenden Gewürze zusammenstellen oder einige Dolci mit auf den Weg geben. Wenn Sie ein Pesto zubereiten, können Sie das Rezept vervielfachen und davon allen ein Gläschen überreichen. Bei einem Frühlingsbrunch kann es eine Pflanze sein oder Blumensamen, etwa in Form einer Samenbombe, die jeder einfach in die Erde bringen kann. Oder ein Topf mit duftenden Kräutern. Natürlich darf das "Mitgebsel" auch Humor beweisen: Ein lokaler Schnaps in kleinen Fläschchen kann witzig sein oder Souvenirs aus dem letzten Urlaub, etwa skurrile Schlüsselanhänger – wenn Sie relativ sicher sind, dass Ihre Gäste diesen Humor mit Ihnen teilen.

Gut geeignet sind auch Bücher, die etwas mit dem Essen oder dem Abend zu tun haben – oder mit Ihnen selbst oder den Gästen. Wenn etwa viele Italienliebhaber/-innen dabei waren oder sie italienisch gekocht haben, passt ein Kochbuch gut oder ein Roman, der in Italien spielt. Aber ein Mitgebsel für Gäste kann auch etwas ganz Einfaches sein, das fast nichts kostet, beispielsweise ein schönes Zitat auf Papier, das Sie zu Beginn eines Dinners auf den Teller gelegt haben. Oder ein paar Zeilen, die sie für Ihre Gäste individuell zu Papier gebracht haben.

Winter

Im Winter wird es besonders stimmungsvoll: Wir zelebrieren das Weihnachtsfest im Kreis lieber Menschen, lassen es an Silvester glitzern und finden viele weitere Gelegenheiten, um mit netten Gästen zusammenzusitzen, lecker zu essen und gute Gespräche zu führen. Hier erfahren Sie, wie Sie große Momente schaffen – und was bei kleinen Pannen schnell hilft.

Wenn es draußen ungemütlich wird …

Im Winter ist klar: Es ist zu kalt, um draußen zu feiern – eine Ausnahme finden Sie im Tipp unten. Umso schöner ist es, dass man es sich jetzt drinnen richtig gemütlich machen kann. Oder ganz festlich auffahren: Der Winter bietet mit der Weihnachtszeit die perfekte Stimmung für tolle Events mit leckerem Essen, guten Düften und geliebten Ritualen. Wenn Sie im Januar und Februar weiterfeiern wollen, dann tun Sie das unbedingt, und laden Sie doch einfach mal zu einer kleinen Runde am Kamin ein, oder zelebrieren Sie eine Tea Time. Auf diese beiden Ideen gehen wir gleich ausführlich ein.

Was besonders schön ist an Einladungen im Winter: Alle freuen sich besonders auf das Event, weil es eine willkommene Abwechslung vom im wahrsten Sinne des Wortes eher dunklen Alltag in diesen Wochen und Monaten bietet. Draußen ist es in der Regel einfach ungemütlich, und jeder huscht nur, so schnell er kann, in sein Zuhause. Dort kommt man gern im engsten Kreis zusammen, aber diesen Kreis zu erweitern, macht eben auch mal wieder richtig Spaß. Es wird also eher ruhiger gefeiert – oder eben gerade nicht …

BUNTE - TIPP

Auch im Winter kann man **draußen feiern!** Die Weihnachtsmärkte zeigen, was es braucht, damit man sich auch in der kalten Jahreszeit an der frischen Luft wohlfühlt: heiße Getränke wie Glühwein, Tee oder Kakao und wärmendes Essen wie Suppe oder Würstchen vom Grill. Wenn Sie in Ihrem Garten oder auf der Terrasse eine Feuerstelle platzieren können, kann man herrlich auch längere Zeit drum herum sitzen und die Wärme genießen. Decken und flauschige Kissen helfen zusätzlich. Wer mag, kann Marshmallows über der Hitze des Feuers bräunen lassen. Wenn Sie noch Kekse und Vollmilchschokolade bereitstellen, kann man sich daraus ein kleines Keks-Sandwich bauen (stapeln Sie Keks, Marshmallow, Schokolade und dann wieder einen Keks) und hat damit eine amerikanische Spezialität kreiert: S'Mores!

Vier Ideen für Feiern im Winter

It's Tea Time!

Die englische Tea Time ist eine ganz bezaubernde Tradition, für die im modernen Alltag kaum Platz ist. Und noch viel seltener wird sie so zelebriert, wie die Briten das tun: mit einer guten Tasse Tee und kleinen Snacks in Form von Sandwiches, Scones und Gebäck. Was da auf den Tisch kommt, ist ganz und gar nicht zu vergleichen mit der deutschen Version von "Kaffee und Kuchen": Kleine köstliche Häppchen werden liebevoll zubereitet. Und vor allem werden sie ganz bewusst und in Ruhe genossen. Die Tea Time soll eine wohlige Pause zwischen Lunch und Abendessen sein, in der man sich darauf besinnt, dass Hektik selten zum Ziel führt. So sollten auch die Gespräche nicht belasten, sondern eher beleben, es wird beim englischen "Original" eher über das Wetter oder das Leben an sich gesprochen als über Politik. Aber natürlich können Sie das halten, wie Sie mögen!

Die klassische Uhrzeit ist zwischen 16 und 17 Uhr. Unter der Woche werden Sie da vielleicht Schwierigkeiten haben, eine größere Runde von Gästen zu gewinnen – aber gleichzeitig ist so eine Einladung auch sehr attraktiv, also probieren Sie es doch vielleicht einfach mal aus, und laden Sie zum Beispiel an einem Dienstagnachmittag zum Tee von 16 bis 18 Uhr. So mancher kann etwas eher aus dem Büro weggehen und wird es für diese Gelegenheit auch gern tun.

Sorgen Sie für eine gesetzte, elegante Stimmung, bereiten Sie nach Möglichkeit einen Tisch am Sofa oder mit gemütlichen Sesseln vor. Klassische Musik und Easy-Listening-Sounds sorgen für eine schöne Klangkulisse. Holen Sie Ihr bestes Kaffeegeschirr aus dem Schrank, und stellen Sie folgende Dinge bereit:

1 Der Tee kann gern ein stilechter englischer Schwarztee sein – Assam, Darjeeling oder Earl Grey zum Beispiel. Diese Sorten stimmen mit ihren intensiven Aromen sofort auf Genuss ein. Für Earl Grey wird meist schwarzer Tee aus Ceylon, China oder Darjeeling – es gibt jedoch auch Varianten mit grünem Tee oder Rooibos – mit Bergamotte aromatisiert. Dann schmeckt er zitronig und frisch.

Für eine Tasse von 200 Milliliter brühen Sie einen leicht gehäuften Teelöffel auf. Vermeiden Sie ein Tee-Ei, denn darin findet der Tee nicht genug Raum zur Entfaltung, besser eignen sich ein Sieb oder Papier-Teefilter. In kochend heißem Wasser sollte der Tee zwei bis drei Minuten ziehen. Bei grünem Earl Grey sollten Sie das Wasser nach dem Kochen einige Minuten abkühlen lassen.

Die Engländer geben in der Regel einen kräftigen Schuss Milch in ihren Schwarztee. Denn sie nimmt ihm ein wenig die Bitterkeit. Beim Earl Grey gibt es kritische Stimmen, die ihn nur pur trinken würden, also auch ohne Zucker oder Zitrone. Bieten Sie aber durchaus Milch, Honig und Zitrone zu Ihrer Tea Time an – dann kann jede/-r entscheiden, was ihr oder ihm am besten schmeckt. Wenn man den Tee mit Milch trinkt, sollte man diese zuerst in die Tasse gießen.

2 Scones sind kleine Teigstücke, die fest zur Tea Time dazugehören und die Sie leicht selbst backen können (siehe Rezept). Das ursprünglich aus Schottland stammende Gebäck hat keine Kruste und wird am besten warm genossen. Es ist weich und eine Art Mini-Brötchen, deshalb wird es auch mit Aufstrich gekrönt. Die Engländer geben klassischerweise Marmelade auf einen Scone und Clotted Cream – eine Art gebackene Sahne. Clotted Cream gehört in England in fast jeden Haushalt und ist dort entsprechend leicht zu kaufen. Hierzulande muss man es in Geschäften probieren, die auf britische Köstlichkeiten spezialisiert sind.

Oder Sie machen sie einfach selbst! Dann sollten Sie damit einige Tage vor Ihrem Event beginnen, denn sie braucht etwas Zeit.

3 Sandwiches, in kleine Happen in Mundgröße geschnitten, sind ebenfalls fester Bestandteil der Tea Time. Bestreichen Sie dazu Toast mit Butter, und belegen Sie ihn mit Gurkenscheiben und Cheddar.

Würzen Sie mit etwas Honig, Petersilie, Salz und Pfeffer. Ebenfalls sehr beliebt ist die Kombination aus Lachs und Frischkäse. Wenn Sie beim Toast die Rinde abschneiden, bleibt nur der softe Teil, der hier besonders gut schmeckt.

4 Gebäck: Ergänzen Sie mit süßen kleinen Gebäckteilchen – wählen Sie aus, was Ihnen gut schmeckt: schottisches Shortbread zum Beispiel, Muffins, Cupcakes, Kekse, kleine Kuchenstücke. Oder Sie legen typisch britische Süßigkeiten dazu wie salzig-süße Toffees. Ein Crumble mit Apfel, Rhabarber oder anderen Früchten passt auch gut, den können Sie in kleinen Gläschen oder Schälchen servieren.

✦✦✦

Eine Sache sollte man beachten, wenn man der britischen Tradition gerecht werden will: Die Sandwiches isst man zuerst, dann folgen die Scones und erst zum Schluss die süßen Teilchen. Die Häppchen können Sie sehr gut auf Etageren drapieren: Das sieht schön aus, und jeder kann gleich erkennen, was es alles gibt, und sich bedienen. Der Tee sollte zur Tea Time natürlich in einer schönen Kanne gereicht werden – mit einem Stövchen bleibt er länger warm.

Clotted Cream

Gießen Sie 500 ml Sahne in eine große, flache Auflaufform. Lassen Sie diese für 8 bis 10 Stunden bei 75 Grad Celsius im Ofen stehen. Nehmen Sie sie dann vorsichtig aus dem Ofen, und lassen Sie sie abkühlen. Dann decken Sie die Form ab und stellen sie 8 Stunden in den Kühlschrank. Am nächsten Tag tragen Sie vorsichtig die obere Schicht der

Sahnemasse ab – eine gelbliche Haut und die dicke Schicht darunter. Diese Masse ist Ihre Clotted Cream! Verrühren Sie sie in einer Schüssel zu einer glatten Creme, und servieren Sie sie Ihren Gästen! Traditionell wird Erdbeermarmelade auf die Clotted Cream gegeben, aber Sie können natürlich auch andere Sorten servieren, zum Beispiel Himbeere oder Orange.

Hausgemachte Scones

Mischen Sie 250 g Mehl, 1 Esslöffel Zucker, 1 Esslöffel Backpulver sowie 1/2 Teelöffel Salz miteinander. Schneiden Sie 60 g kalte Butter in Stücke und arbeiten Sie sie mit dem Handrührgerät in die Mehlmischung ein. Formen Sie einen kleinen Berg mit einer Mulde in der Mitte. Dort hinein gießen Sie 150 ml Milch und verrühren sie mit einer Gabel mit dem Teig. Rollen Sie ihn auf einer bemehlten Arbeitsfläche rund 3 Zentimeter dick aus, und nehmen Sie einen runden Ausstecher oder ein Glas mit diesem Durchmesser zur Hand, um rund 10 Scones auszustechen. Setzen Sie sie auf ein Backblech, bepinseln Sie sie mit einem verquirlten Ei und lassen Sie sie bei 190 Grad Ober-/Unterhitze im vorgeheizten Backofen in 15 bis 20 Minuten gar werden.

Wie gesagt: Sie schmecken warm am besten, daher geben Sie sie erst in den Ofen, wenn Ihre Gäste eintreffen!

Schlemmer-Sandwich

Vor-/Zubereitungszeit: ca. 40 Minuten

Zutaten für 4 Portionen

- 300 g Kartoffeln (vorw. festkochend)
- ca. 500 ml Frittieröl
- ca. 1 TL Meersalz

Für die Sandwiches:

- 150 g dünne Scheiben Bacon
- 120 g Manchego-Käse
- 10 Radieschen
- 80 g Gurke
- 1 Kästchen Kresse
- 12 Scheiben Sandwichbrot
- ca. 6 EL Erdnussöl
- 6 EL Mayonnaise
- evtl. etwas Schnittlauch und Petersilie zum Garnieren

1 Für die Chips Kartoffeln schälen, waschen, in sehr feine Scheiben hobeln. Frittieröl in einem Topf erhitzen, Kartoffelscheiben darin portionsweise knusprig ausbacken. Chips herausheben, auf Küchenpapier abtropfen lassen und mit Meersalz würzen.

2 Für die Sandwiches den Speck in einer Pfanne knusprig braten. Herausheben, auf Küchenpapier abtropfen lassen. Käse in dünne Scheiben schneiden. Radieschen putzen und grob raspeln. Gurke waschen, längs in dünne Scheiben schneiden. Kresse vom Beet schneiden oder zupfen.

3 Vom Brot evtl. die Rinde wegschneiden. Grillpfanne erhitzen, Brotscheiben darin in etwas Erdnussöl beidseitig anrösten.

4 Brotscheiben mit der Hälfte der Mayonnaise bestreichen, dann mit der Hälfte der vorbereiteten Zutaten belegen. Je 1 Brotscheibe darauflegen, mit übriger Mayo bestreichen, mit übrigen Zutaten belegen. Mit übrigen Broten abdecken.

5 Sandwiches auf Teller setzen. Mit Kartoffelchips und Kräutern nach Belieben garnieren und gleich servieren.

Mandelhörnchen

Vor-/Zubereitungszeit: ca. 40 Minuten
Backzeit: ca. 18 Minuten pro Blech

Zutaten für ca. 15 Stück

- 1 EL Sojamehl
- 250 g Marzipanrohmasse
- 250 g Zucker
- ½ TL gemahlene Vanille
- 140 g Mandelblättchen
- 100 g (vegane) Zartbitterkuvertüre
- 1 TL Kokosöl

1 Sojamehl mit 3 EL Wasser verrühren. Das Marzipan grob raspeln und mit Sojamehl, Zucker und Vanille in einer Schüssel mischen. Mit den Quirlen des elektrischen Handrührgeräts zu einer glatten Masse vermengen.

2 Backofen auf 180 Grad (Umluft: 160 Grad) vorheizen. Ein Viertel der Mandelblättchen auf einem mit Backpapier belegten Backblech verteilen. Die Marzipanmasse in einen stabilen Spritzbeutel geben und damit Hörnchen auf die Mandeln spritzen. Ein weiteres Viertel der Mandelblättchen auf die Hörnchen streuen, Mandeln leicht andrücken.

3 Auf einem zweiten Blech mit den restlichen Zutaten genauso verfahren. Hörnchen im vorgeheizten Ofen auf der zweiten Schiene von unten in ca. 18 Minuten goldgelb backen. Auf einem Kuchengitter auskühlen lassen.

4 Kuvertüre fein hacken. Zwei Drittel davon über einem heißen Wasserbad schmelzen lassen, dann herunternehmen. Restliche Kuvertüre dazugeben und in der warmen Masse schmelzen. Kokosöl unterrühren. Die Mandelhörnchen in die Kuvertüre tauchen. Dann auf einem Gitter abtropfen und trocknen lassen.

Chai-Tee-Sterne

Vor-/Zubereitungszeit: ca. 50 Minuten
plus Wartezeit: ca. 2 Std.
Backzeit: 10–12 Min. pro Blech

Zutaten für ca. 25 Stück

- 2 Teebeutel Chai-Tee
- 120 g Zucker
- 150 g kalte Butter
- 200 g Mehl und etwas Mehl für die Arbeitsfläche
- 40 g Speisestärke
- 1 Eigelb, Salz
- 100 g Puderzucker
- 1 EL Zitronensaft

1 Teebeutel aufschneiden. Tee entnehmen und zusammen mit 80 g Zucker in einem Blitzhacker kurz mahlen. Butter in kleine Würfel schneiden. Tee-Zucker-Mischung mit Butter, 1 EL kaltem Wasser, Mehl, Stärke, Eigelb und 1 kräftigen Prise Salz zu einem glatten Teig kneten. Den Teig in Folie wickeln und für etwa 2 Stunden kalt stellen.

2 Backofen auf 180 Grad (Umluft: 160 Grad) vorheizen. Teig auf einer bemehlten Arbeitsfläche ca. 5 mm dünn ausrollen. Mit einem Stern-Ausstecher (ca. 5 x 5 cm) ca. 25 Plätzchen ausstechen.

3 Sterne auf mit Backpapier belegte Bleche setzen und im vorgeheizten Backofen auf der zweiten Schiene von unten jeweils 10–12 Minuten backen. Kekse auskühlen lassen.

4 Puderzucker mit Zitronensaft zu einem dickflüssigen Guss verrühren. Den Guss in einen Spritzbeutel mit kleiner Öffnung füllen und die Sterne damit verzieren. Sterne mit dem übrigen Zucker (50 g) bestreuen, trocknen lassen.

Nugat-Kipferl

Vor-/Zubereitungszeit: ca. 40 Min.
plus Warte-/Kühlzeit: 2 Std.
Backzeit: ca. 12 Min. pro Blech

Zutaten für ca. 40 Stück

- 10 g Mohnsamen
- 50 g getrocknete Aprikosen
- 50 g Nuss-Nugat
- 70 g zimmerwarme Butter
- 170 g Mehl und evtl. etwas Mehl zum Arbeiten
- 120 g Puderzucker
- 50 g gemahlene Mandeln und evtl. etwas mehr zum Arbeiten
- 1 Ei (Gr. L)
- 1 Pck. Vanillezucker

1 Mohn in einer Pfanne ohne Fett rösten, abkühlen lassen. Getrocknete Aprikosen fein hacken. Nugatmasse fein würfeln. Die weiche Butter zum Nugat hinzufügen und mit den Quirlen des Handrührgeräts glatt verrühren.

2 Aprikosen, Mehl, Mohn, Salz, 30 g Puderzucker, gemahlene Mandeln und das Ei dazugeben. Zu einem glatten Teig verkneten (mit den Knethaken oder mit der Hand). Den Teig zu 2 Rollen (Ø ca. 3 cm) formen. In Folie gewickelt 2 Stunden kalt stellen.

3 Backofen auf 180 Grad (Umluft: 160 Grad) vorheizen. Die Teigrollen in 1 cm dicke Scheiben schneiden. Auf einer evtl. mit etwas Mehl oder gemahlenen Mandeln bestreuten Arbeitsfläche zu Kipferln formen. Teighörnchen auf mit Backpapier bedeckte Bleche legen, im vorgeheizten Ofen auf der zweiten Schiene von unten ca. 12 Minuten backen.

4 Übrige 100 g Puderzucker und Vanillezucker mischen und die noch warmen Kipferl vorsichtig darin wenden.

Gespräche am Kamin

Sind Sie einer der glücklichen Menschen, der einen Kamin zu Hause hat? Dann haben Sie damit das perfekte Setting für einen tollen Nachmittag oder Abend im Winter. Auf das Feuer schauen, einen Glühwein trinken und gute Gespräche führen – was braucht es mehr zum Glücklichsein?

Vielleicht leihen Sie sich das Format des "Kamingespräches", bei dem man klassischerweise im kleinen Kreis zusammenkommt, um über ein konkretes Thema zu sprechen: Sie können ein Thema vorgeben, über das Sie mit Ihren Gästen ins Gespräch kommen möchten. Es eignen sich zum Beispiel aktuelle gesellschaftliche Themen – nur zu ernst sollte es nicht sein. Natürlich müssen Sie nicht den ganzen Abend streng bei dem vorgegebenen Thema bleiben, aber es kann ein schöner Rahmen sein. Reichen Sie bei so einer Einladung kleine Snacks und gute Getränke: Wein, Bier, Punsch, Tee ... Und genießen Sie die intime Stimmung und den Blick in die Flammen.

Spaziergang mit Umtrunk

Gerade im Winter kann es toll sein, etwas an die frische Luft zu kommen: Laden Sie doch mal zu einem Spaziergang ein – mit anschließendem Umtrunk bei Ihnen zu Hause! Dort können sich dann alle bei einem heißen Getränk aufwärmen und das gesellige Beisammensein noch ein wenig genießen. Das Essen dazu darf ruhig deftig sein und muss nicht viel Mühe machen. Sie können zum Beispiel einen Eintopf kochen, den Sie dann nur noch aufwärmen, oder beispielsweise ein Gulasch. Auch herzhafte kleine Snacks wie Teigschnecken aus dem Ofen bieten sich an.

Planen Sie bei diesem Event im Garderobenbereich genug Platz für dicke Mäntel und klobige Schuhe ein – vor allem wenn draußen Schnee liegt und alle mit nassen Stiefeln bei Ihnen ankommen.

Das Leuchten feiern

Es wird so früh dunkel im Winter – deshalb sollte man sich das Licht in sein Heim holen. Ein Candle-Light-Dinner ist klassisch für zwei Personen gedacht, aber feiern Sie es doch mal mit all Ihren Liebsten: Laden Sie Ihre engsten Freund/-innen ein oder die Kolleg/-innen, die Sie wirklich gern mögen. Und bringen Sie alle an einer langen Tafel zusammen. Motto des Abends: je mehr Kerzen, desto besser! Holen Sie alle Kerzenständer raus, die Sie besitzen. Zusätzlich können Sie feuerfeste Gefäße wie zum Beispiel Untertassen zweckentfremden. Verteilen Sie alle Kerzen auf dem Tisch und drum herum im ganzen Zimmer. Entzünden Sie sie kurz vor dem Eintreffen der Gäste, damit diese gleich mit dieser besonderen Atmosphäre begrüßt werden. Oder zünden Sie die Kerzen alle gemeinsam an.

Beim Essen können Sie groß auffahren, wenn Sie mögen, oder auch ganz bodenständig eine gute Pasta servieren.

Minestrone-Eintopf

Vor-/Zubereitungszeit: ca. 70 Minuten

Zutaten für 6–8 Personen

- 2 Zwiebeln
- 2 Stangen Staudensellerie
- Olivenöl
- 700 g gemischtes grünes Gemüse, wie Zucchini, Fenchel, Brokkoli, grüner Spargel, Mangold, Grünkohl, Erbsen, dicke Bohnen
- 200 g Risottoreis (Arborio)
- 2 l Hühner- oder Gemüsebrühe
- 1 Bund Rosmarin & Thymian gemischt (30 g)
- 2–3 Knoblauchzehen
- Meersalz
- 50 g Parmesan
- 1 Bio-Zitrone
- natives Olivenöl extra

1 Die Zwiebeln und den Sellerie schälen, fein hacken und in einem großen Topf bei mittlerer Hitze in 2 EL Olivenöl 15 Minuten anschwitzen. Ab und zu umrühren. Jetzt ist die Zeit, das Gemüse vorzubereiten. Zucchini und Fenchel in 0,5 cm große Würfel schneiden, Brokkoli, Spargel, Mangold und Grünkohl in feine Scheibchen bzw. Streifen schneiden. Das Gemüse zur Seite legen. Den Reis in den Topf geben, umrühren und 2 Minuten anschwitzen, dann die Brühe zugießen. Die Kräuter zu einem Sträußchen binden und in den Topf legen. Alles zum Kochen bringen und 15 Minuten köcheln lassen.

2 Inzwischen den Knoblauch schälen und im Mörser mit 1 Prise Meersalz zu einer Paste zerstoßen. Den Parmesan und die Schale der Zitrone in den Mörser reiben, den Saft der Frucht hineinpressen und 4 EL natives Olivenöl extra untermischen.

3 Das Gemüse in die Suppe geben und 10–15 Minuten mitgaren. Die Suppe abschmecken, mit einem Löffel Pesto abrunden.

Penne all'arrabbiata

Vor-/Zubereitungszeit: ca. 35 Minuten

Zutaten für 4 Portionen

- 1 große Zwiebel
- 2–3 Knoblauchzehen
- 1–2 Chilischoten
- 250 g Kirschtomaten
- 3 EL Olivenöl
- 400 g Tomaten (stückig, aus der Dose)
- 1 EL Tomatenmark
- Salz, Pfeffer
- 200 ml Gemüsebrühe (instant)
- ca. 1 EL gehackter Rosmarin
- 500 g Penne
- geriebener Parmesan zum Bestreuen
- evtl. Basilikumblätter zum Garnieren

1 Zwiebel und Knoblauch abziehen, beides fein würfeln. Chilischoten putzen, entkernen und waschen, dann in feine Streifen schneiden. Die Kirschtomaten waschen und halbieren.

2 Zwiebel- und Knoblauchwürfel in Öl andünsten. Chilis dazugeben und kurz mitrösten. Stückige Tomaten hinzufügen, ca. 5 Minuten kochen.

3 Tomatenmark, Salz, Pfeffer und die Brühe dazugeben. Die Kirschtomaten ebenfalls untermischen und alles ca. 10 Minuten köcheln lassen. Die Soße nach Belieben mit gehacktem Rosmarin abschmecken.

4 Inzwischen die Pasta in einem Topf in reichlich Salzwasser (Nudelwasser muss so salzig wie Meerwasser schmecken) al dente garen.

5 Die Penne abgießen und zur Tomatensoße geben, gut verrühren. Penne all'arrabbiata mit viel geriebenem Parmesan bestreuen und evtl. mit ein paar Basilikumblättchen garniert servieren.

Gute Vorsätze feiern

Mit dem Start ins neue Jahr wollen viele die üblichen Laster loswerden, sich mehr bewegen, etwas abnehmen, weniger Alkohol trinken – Letzteres wird mit dem "Dry January" inzwischen als große Challenge ausgegeben. Viele, die in dieser Zeit eine Einladung bekommen, werden deshalb oft erst mal nervös, statt sich frei heraus auf das Event zu freuen. Denn ein feuchtfröhlicher Abend ist selten mit den guten Vorsätzen zu vereinbaren, und die Aussicht, dass man dabei zuschaut, wie alle anderen sich zuprosten, während man selbst am stillen Mineralwasser nippt, kann als frustrierend empfunden werden.

Laden Sie deshalb doch gerade im Januar zu einem Abend ein, bei dem Sie zeigen, wie herrlich man auch bei vermeintlichem Verzicht feiern kann: Schenken Sie etwa alkoholfreie Alternativen zu Wein aus – die gibt es inzwischen in großer Auswahl und toller Qualität. Bieten Sie ein Buffet mit viel Salat und anderen leichten Speisen an, denn natürlich können auch die hervorragend schmecken. Bei einem gesetzten Dinner können Sie beispielsweise durchweg Low-Carb-Gerichte kochen. Meiden Sie jegliche Verführungen wie zuckerreiche Desserts oder den gut gefüllten Weinkühlschrank. Sie machen es Ihren Gästen und Ihnen selbst damit herrlich leicht, Ihre Vorsätze einzuhalten und dennoch einen fantastischen Abend zu erleben. Und beginnen Sie nicht zu spät: Vielleicht stand auf der ein oder anderen Liste mit Vorsätzen auch "mehr schlafen" …

SOS-Hilfe für Partys

Die Getränke sind alle, das Essen ist verbrannt, oder das Buffet ist in der Sonne schlecht geworden – es gibt viele Pannen, die

Ihnen als Gastgeber/-in passieren können. Und es gibt Hilfe! Zahlreiche Dienstleister sind auf die SOS-Hilfe für Feste spezialisiert, oder Sie können auf gängige Services zurückgreifen, die Ihnen bei einem Party-Notfall gerade recht kommen.

Der Braten ist verbrannt – rufen Sie den Lieferservice!

Wenn Ihr Essen aus irgendeinem Grund einfach nicht gelungen und jetzt leider ungenießbar ist, ärgern Sie sich einmal kurz, und rufen Sie dann den Lieferservice an beziehungsweise checken bei Dienstleistern wie Lieferando oder Wolt, welche Restaurants in Ihrer Nähe gerade geöffnet haben. Seien Sie dabei mutig: Wenn das komplette Hauptgericht fehlt, können Sie es nahezu beliebig austauschen. Das indische Restaurant verspricht schnelle Lieferung? Dann los! Wählen Sie zum Beispiel zwei, drei Hauptgerichte aus, bestellen Sie pro anwesendem Gast eines, und stellen Sie alles in Schüsseln auf den Tisch – dann kann jeder seine Favoriten auswählen.

Getränke alle – ab zum Kiosk oder liefern lassen!

Der Abend läuft gut, alle amüsieren sich prächtig. Und die Gäste haben offenbar kräftig Durst, denn plötzlich fehlt es an Nachschub an den Getränken. Was tun? Bitten Sie zwei, drei kräftige Gäste um Hilfe, zum nächsten Kiosk zu eilen und dort die Bestände leer zu kaufen. Oder rufen Sie einen Getränkelieferdienst an, beziehungsweise bestellen Sie dort per App: In fast jeder größeren Stadt gibt es Anbieter, die rund um die Uhr bereitstehen, um genau Ihr Problem zu lösen. Und die in der Regel sehr kurzfristig bei Ihnen sein können.

Der DJ oder die Band taucht nicht auf? Starten Sie Spotify!

Sie haben Musiker/-innen oder eine/-n DJ/-ane gebucht, aber die sind unzuverlässig und erscheinen einfach nicht? Dann ist es schwer, kurzfristig Ersatz zu finden. Sie können aber ganz einfach und fix einen Musik-Streamingdienst wie Spotify aktivieren: Dort gibt es unzählige Playlists, die den perfekten Soundtrack für alle Anlässe liefern, zum Beispiel "Dinner for Friends", "Party In Your Living Room" oder "Italo Classics". Wenn der DJ auch die Technik mitbringen wollte, können Sie auf eine Bluetooth-Box zurückgreifen – die haben mittlerweile ordentlich Power und beschallen auch locker einen ganzen Raum in Tanz-Lautstärke. Wenn Sie selbst keine haben, fragen Sie Gäste, ob die spontan noch eine mitbringen können.

Zutaten vergessen – Lebensmittel liefern lassen

Sie bemerken erst beim Kochen, dass eine wichtige Zutat fehlt? Wenn Sie jetzt noch einmal selbst in den nächsten Supermarkt gehen, wird das stressig und kostet im Zweifel zu viel Zeit.

Dienste wie Flink, Getir oder Gorillas sind auf die superschnelle Lieferung von Lebensmitteln spezialisiert. Sie versprechen, schon in unter zehn Minuten an der Haustür zu klingeln. Gibt es den Service in Ihrer Stadt, dann können Sie ihn jetzt nutzen. Dazu müssen Sie sich nur in den Apps der Anbieter anmelden und können direkt bestellen. Einziger Haken: Die Öffnungszeiten orientieren sich an denen des stationären Handels, daher haben sie vielleicht gerade am Wochenende schon geschlossen, wenn Sie sie brauchen.

Es regnet doch – mieten Sie ein Partyzelt!

Die ganze Zeit sah der Wetterbericht gut aus, doch dann ist am Tag Ihres Festes plötzlich doch Regen angesagt. Das ist ärgerlich! Vor allem wenn es vielleicht nur kurze Schauer sind und es schade wäre, wenn deshalb die ganze Veranstaltung nach drinnen verlegt wird. Vermieter von Partyzelten wissen, dass manchmal erst in letzter Minute klar wird, dass ihre Dienstleistung gebraucht wird. Deshalb bieten viele von ihnen einen ganz kurzfristigen Abholservice an: Dann kann man im Lager noch schnell ein Partyzelt besorgen. In der Regel dauert der Aufbau rund eine Stunde – holen Sie sich Hilfe, damit Sie selbst keine Zeit verlieren und sich weiter um die übrigen To-dos kümmern können.

So schaffen Sie große Momente!

Oft verbinden wir mit Feiern kleine Blitzlichter: Situationen, die uns besonders in Erinnerung geblieben sind, Worte, die uns berührt, oder Begegnungen, die uns inspiriert haben. Als Gastgeber/-in können Sie einiges tun, um solche Momente zu fördern.

Kleine Rituale

Ein besonderer Augenblick kann schon entstehen, wenn Sie bei der Eröffnung Ihres Festes ein paar individuelle Worte an Ihre Gäste richten. Oder eine kleine persönliche Botschaft auf jeden Teller legen, in der Sie notieren, was Sie an diesem Gast besonders schätzen, etwa: “Liebe Christine, deine Warmherzigkeit und dein Lachen sind ein Gewinn für jedes

Fest. Schön, dass du da bist!" Oder Sie halten etwa nach der Vorspeise kurz inne und bitten alle in der Runde zu erzählen, was ihnen in den vergangenen vier Wochen richtig gut gelungen ist und worauf sie sich in den kommenden vier Wochen freuen. Es sind solche kleinen Rituale, die im Kopf bleiben. Überlegen Sie sich, was zu Ihnen passt, worauf Sie selbst Lust hätten, halten Sie es kurz, und probieren Sie es einfach mal aus. Wenn ein Ritual auf gute Resonanz stößt, können Sie ja vielleicht eine Tradition daraus machen.

Stellen Sie überraschende Fragen

Ein Dinner-Abend ist nicht der richtige Schauplatz, um über mitunter heikle Themen wie Politik oder allzu Privates zu plaudern. Aber es kann der perfekte Raum sein, um abseits des Alltags über Themen nachzudenken, die uns alle beschäftigen. Inspirierende Fragen regen das Denken auf spannende Weise an. "Ab morgen einen Monat frei von allen Verpflichtungen – wie würdest du diese Zeit nutzen?" oder "Welche Eigenschaft schätzt du an anderen besonders und warum?" Sie können sich auch Fragen ausleihen wie die, die Max Frisch in seinem Buch *Fragebogen* auflistet, zum Beispiel: "Möchten Sie das absolute Gedächtnis?", "Hätten Sie lieber einer anderen Nation (Kultur) angehört und welcher?" oder "Wofür sind Sie dankbar?" Im Buchhandel gibt es Kartensets, die solche Fragen zu verschiedenen Bereichen oder für bestimmte Zielgruppen bündeln, etwa für Paare oder Freundeskreise – und die versprechen, dass man einander damit noch einmal tiefer kennenlernt. Denn genau das machen solche Fragen: Sie geben Raum zum Nachdenken und Neu-Entdecken. Und damit schaffen sie besondere Momente der Begegnung.

Bleibende Bilder

Seit nahezu jeder ein Smartphone hat, werden nebenbei viele Bilder gemacht – doch selten mit viel Sorgfalt und Blick für den Moment. Oder im besten Fall amüsieren sich auf Ihrem Event alle so gut und sind so in Gespräche vertieft oder mit Tanzen beschäftigt, dass fast niemand zum Handy greift und es am Ende gar keine Schnappschüsse gibt. Vielleicht haben Sie Lust, einen Fotografen für Ihr Fest zu buchen, der den Abend dokumentiert? Geben Sie in diesem Fall den Gästen möglichst schon bei der Einladung Bescheid, und sagen Sie genau, was mit den Bildern passiert: Sie können zum Beispiel allen Gästen nach dem Fest einen Downloadlink für die schönsten Motive schicken. Oder Sie treffen jeweils eine individuelle Auswahl für jeden Gast, lassen diese eventuell sogar drucken und verschicken sie per Post – als besonders einprägsame Erinnerung. Alternative ist ein Fotoautomat, den man vielerorts mieten kann. Meist werden dazu witzige Accessoires bereitgelegt, sie können aber auch dazu inspirieren, auf den Bildern einfach das schönste Lächeln zu zeigen.

✦✦✦

Noch intensiver ist ein Video des Abends: Mit Bewegtbildern kann man die Emotionen und die Stimmung eines Festes besonders schön einfangen. Nicht umsonst sind Videografen bei Hochzeiten inzwischen fast Standard. Für ein privates Fest lohnt sich der Aufwand jedoch ganz genauso – vor allem bei Geburtstagsjubiläen, aber auch eine ausgelassene Poolparty kann natürlich als kleiner Clip festgehalten werden. So ein Video kann man von Dienstleistern ausführen lassen, das ist mit einem gewissen finanziellen Aufwand und Planung sowie Absprachen verbunden und bedeutet, dass jemand Fremdes auf der Party mit Kamera unterwegs sein wird. Wenn Sie den Gästen Bescheid geben und erklären, was mit dem Material passieren wird – beispielsweise dass auch hier später an alle ein Downloadlink verschickt wird –, wird das in der Regel kein Problem sein. Teilweise können solche Clips auch in sehr guter Qualität mit Smartphones gedreht werden, das ist deutlich unauffälliger und gibt den Gästen weniger das Gefühl, “unter Beobachtung” zu stehen.

Falling in Love

Wenn sich auf einem Ihrer Feste zwei Menschen kennenlernen und verlieben, dann ist das natürlich einer der großartigsten Momente – und Ihre Einladung wird in die Geschichte dieser Beziehung eingehen. Natürlich hilft es, wenn Sie den Kreis der Eingeladenen bewusst groß halten, auch neue Kontakte hinzunehmen oder mal verschiedene Freundeskreise mischen, zum Beispiel Leute vom Sportclub und alte Studienfreund/-innen. Wenn mehrere Singles dabei sind, umso besser. Was Sie nur auf keinen Fall tun sollten: Versuchen Sie nicht, Gäste gezielt miteinander zu verkuppeln! Das geht nur in den seltensten Fällen gut, kann für die Betreffenden jedoch sehr unangenehm sein. Vor allem wenn das Interesse einseitig ist und der oder die andere ein Angebot abwehren muss. Wenn es sich um enge Freund/-innen handelt, bei denen Sie jemanden im Kopf haben, der passen könnte, dann fragen Sie ihn oder sie lieber vorher, ob es okay wäre, die betreffende Person auch einzuladen. Und dann lassen Sie den Dingen ihren Lauf, aber beobachten Sie die beiden nicht, erzählen Sie nicht allen anderen Gästen von Ihrem heimlichen Wunsch, und seien Sie lieber nicht zu neugierig beim Nachfragen bei den beiden.

Das Fest der Feste

Weihnachten ist für viele Menschen das schönste Fest im Jahr. So viele Rituale, so viele Gefühle und Erinnerungen sind mit dem 24. Dezember, den folgenden Feiertagen und der Adventszeit davor verbunden! Häufig erinnern wir uns daran, wie wir als Kinder aufgeregt auf die Geschenke gewartet haben und dann stundenlang unter dem Baum spielen konnten. Grün und Rot, Schleifen, Lichter und Lebkuchen: Mit Weihnachten sind ganz viele typische Farben, Accessoires und Leckereien verbunden. Wer Spaß daran hat, dekoriert jetzt das ganze Haus. Andere setzen einfach nur auf ein paar Kerzen. Egal wie man es begeht: Weihnachten ist für viele ein besonders stimmungsvolles Fest, bei dem man auch in sich gehen und besinnliche Momente genießen kann. Wenn man nicht vor lauter Stress rund um Kochen und

Kirche irgendwann nur noch erschöpft auf dem Sofa landet. Auch hier hilft gute Planung – und ein Bewusstsein dafür, was einem in dieser Zeit wirklich wichtig ist.

Die Adventszeit genießen

Die meisten Menschen verbringen die Feiertage ganz mit der Familie und treffen dann ihre engsten Verwandten. Wer in der Weihnachtszeit Freund/-innen einladen möcte, kann dazu aber die Adventszeit optimal nutzen. Ein Nachmittag mit Punsch und Plätzchen am Kamin passt jetzt perfekt.

Die vielleicht schwerste, aber auch wichtigste Aufgabe ganz am Anfang: Lassen Sie die Vorstellung von einem perfekt harmonischen Weihnachtsfest los! Wer sich ausmalt, wie alle in trauter Eintracht unter dem Baum sitzen, die Kinder bestens gelaunt, die Gespräche anregend und konfliktfrei, das Essen köstlich, die Stimmung ausgelassen ... – der kann fast nur enttäuscht werden. An Weihnachten ist fast immer zu viel los, vor allem wenn Verwandte zu Besuch kommen. Eine perfekte Vorbereitung wäre dann quasi ein Vollzeitjob für den Dezember. Und selbst die wäre kein Garant für ein vollkommen gelungenes Fest. Jede und jeder hat seine Vorstellungen davon, wie Heiligabend und die Feiertage verlaufen sollen, und diese Vorstellungen passen nicht immer zusammen. Das alles birgt viel Konfliktpotenzial.

Beim Baumschmücken haben wir alle noch den Pyjama an, hören Weihnachtslieder und machen auch ein Fläschchen Champagner auf.

Victoria Swarovski (Moderatorin, Sängerin, Designerin)

Wir schenken uns am liebsten irgendwelche Unternehmungen, wo wir Zeit miteinander verbringen können.

Paulina Swarovski (Model, Schwester von Victoria Swarovski)

"Irgendwie schlummert in mir das Gastgeber-Gen, und ich fühle mich verantwortlich, dass es jedem gut geht." Ihr Tipp, damit weihnachtliche Harmonie auch über Tage hinweg anhält: "Immer mit 'Ja' antworten. Vor allem auf Fragen, die mit 'Kannst du noch ganz schnell …' oder 'Würdest du bitte …' beginnen …"

Victoria Swarovski (Moderatorin, Sängerin, Designerin)

Dem entgeht man am besten, wenn man den Druck rausnimmt und sich so weit wie nur möglich vom Anspruch der Perfektion verabschiedet. Denn der macht es nur schwerer, das Fest zu genießen. Eine große Aufgabe, aber versuchen Sie es: Lassen Sie die vierte Beilage beim Weihnachtsmenü einfach weg, starten Sie eine Playlist, statt alle zur Hausmusik mit den selten genutzten Instrumenten zu zwingen, dekorieren Sie nur, solange es Ihnen wirklich Spaß macht, und atmen Sie die Anspannung so oft wie möglich weg. Wenn die Schwiegereltern mal wieder mit kritischem Blick durch die Wohnung gehen, begegnen Sie dem einfach mit einem inneren Lächeln und besinnen sich auf das, was Ihnen selbst an Weihnachten gefällt und Sie glücklich macht!

„An Weihnachten singen und musizieren wir alle wie verrückt. Alle Mann. Die ganze Familie liebt Weihnachtslieder. Wir singen in allen unseren Sprachen – die Kinder auf Deutsch, mein Mann, seine Eltern, sein Bruder Stefano auf Italienisch, meine Mutter und ich auf Portugiesisch und im Zweifel auch jemand auf Englisch. Manchmal singen wir jede Strophe in einer anderen Sprache. Klassiker wie *Stille Nacht* kennt man ja überall auf der Welt. Und wenn wir mal nicht singen, dann läuft in Dauerschleife die Weihnachts-CD von Michael Bublé. Wir können uns gar nicht satthören an seinen Liedern."

Jana Ina Zarrella (Moderatorin, Model, Designerin)

Das Weihnachtsmenü

Wenn Sie gern kochen und Lust darauf haben, das Weihnachtsmenü selbst zuzubereiten, dann schaffen Sie sich den nötigen Raum dafür: An dem Tag, an dem es serviert werden soll, sollten Sie sowohl genug Zeit als auch Platz haben, sprich: Die Küche sollte für Sie frei begehbar sein. Denn mehrere Gänge zu kochen, braucht viel Platz und dauert. Wenn sich ab und zu Gäste zu Ihnen gesellen und etwas zur Hand gehen oder einfach mit einem Glas Wein in der Hand mit Ihnen plaudern, kann das natürlich trotzdem toll sein: Schaffen Sie sich eine Umgebung, in der Sie sich möglichst gut auf das Kochen konzentrieren können, während Sie gleichzeitig nicht zu viel vom Fest verpassen.

Die wichtigste Frage vorab ist natürlich, was es zu essen geben soll: Viele Familien haben jahrein, jahraus ihre Klassiker wie Gänsebraten oder Karpfen. Einerseits kann es sehr schön sein, solche Traditionen zu pflegen. Andererseits dürfen Sie natürlich auch Neues ausprobieren. Es gibt so viele schöne Rezepte und Ideen für festliche Menüs auch mit modernem Twist, dass es doch fast schade wäre, jedes Jahr das Gleiche zu essen, oder? So kann statt Gans auch mal Ente oder Truthahn auf den Tisch kommen, statt Karpfen vielleicht Zander, ein Lachs oder Hummer. Oder Sie kochen ein vegetarisches Menü, auch da gibt es unendlich viele Möglichkeiten, ein festliches Dinner zu gestalten.

> „Heiligabend gibt es ein mehrgängiges Menü mit verschiedenen Fischgerichten. Das passt prima, denn ich esse seit einigen Jahren kein Fleisch mehr. Nur wenn meine Mutter aus Brasilien zu Besuch ist, kommt Fleisch auf den Tisch: Sie wünscht sich an einem der Feiertage immer einen Putenbraten. Und den soll sie dann auch bekommen."

Jana Ina Zarrella (Moderatorin, Model, Designerin)

Suppe bereits am Vortag kochen

Wunderbar sind Gerichte, die man gut vorbereiten kann. Eine Suppe kann man beispielsweise schon am Vortag kochen und muss sie dann nur aufwärmen. Oder man bereitet sie sogar längere Zeit vorher vor und friert sie ein. Rotkohl ist gut durchgezogen umso leckerer, daher kann auch er ein, zwei Tage vor dem Essen gekocht werden. Tiramisu als Dessert ist ebenfalls leckerer, wenn es etwas Zeit zum Ruhen bekommen hat. Und ein bisschen Pragmatismus schadet nie: Statt ein Eis für den Nachtisch selbst zu machen, kann man es zum Beispiel auch vom Lieblingsitaliener besorgen.

Kürbissuppe

1 Butter schmelzen, Kartoffeln und Kürbis zugeben, anschwitzen. Ingwer in feinen Scheiben dazugeben. Mit Wasser aufgießen, Gemüse weich köcheln.

2 Alle anderen Zutaten und 700 ml Wasser hinzufügen, noch mal aufkochen. Alles im Mixer pürieren und noch mal abschmecken.

Vor-/Zubereitungszeit: ca. 35 Minuten

Zutaten für 4 Portionen

- 40 g Butter
- 350 g Kartoffeln (geschält und gewürfelt)
- 250 g Hokkaido-Kürbis (geschält und gewürfelt)
- 50 g frischer Ingwer (nicht geschält)
- Salz (anständig!)
- 1 TL Knoblauchpaste (frisch gerieben)
- 50 g Zucker
- 50 g körniger Senf
- Cayennepfeffer oder frische Chili
- frisch geriebene Muskatnuss

Schnelle Klassiker an Heiligabend

Oftmals werden aufwendige Menüs eher auf die Feiertage verschoben, während es am 24. Dezember eine einfache Mahlzeit gibt, die schnell zubereitet ist und genug Zeit lässt, um sich auf Geschenke und Co. zu konzentrieren. Hier sind die Klassiker Würstchen mit Kartoffelpüree oder Kartoffelsalat. Auch Raclette oder Fondue eignen sich hier sehr gut. Sie haben völlig freie Hand: Entscheiden Sie, was allen gut schmeckt, gut vorbereitet oder schnell zubereitet werden kann und worauf Sie sich freuen, denn ein kleines Highlight darf und sollte es schon sein.

✦✦✦

Bei einem aufwendigeren Menü sollten Sie rechtzeitig mit der Planung beginnen. Machen Sie sich ruhig schon einen Monat vorher Gedanken darüber, und legen Sie fest, was gegessen und getrunken werden soll. Fangen Sie schon an, eine Einkaufsliste zu schreiben, und überlegen Sie, ob Zutaten vorbestellt werden müssen, zum Beispiel eine Gans. Für Fleisch gibt es dann in der Regel Abholtermine – überlegen Sie, wie Sie das empfindliche Produkt lagern können, damit es frisch bleibt. Weitere Zutaten, die länger haltbar sind, kann man auch schon eine Woche vorher oder länger im Voraus besorgen. In den Tagen vor dem Weihnachtsfest sind die Läden recht voll, und es ist gut für den Weihnachtsfrieden, wenn man sich allzu viel Stress erspart. Alternativ können Sie alles liefern lassen – reservieren Sie dafür gegebenenfalls auch rechtzeitig passende Termine.

Bratwürste auf Kartoffelsalat

Vor-/Zubereitungszeit: ca. 60 Minuten

Zutaten für 4 Portionen

- 600 g festkochende Kartoffeln
- Salz, Pfeffer
- 1 kleine Zwiebel
- 1 Stück Ingwer
- etwas Öl
- 200 ml Gemüsebrühe
- 100 ml Reisessig
- ca. 3 EL Senf
- ½ Salatgurke
- 1 kleines Bund Lauchzwiebeln
- 8 Bratwürste
- Kräuter zum Garnieren

1 Kartoffeln in Salzwasser kochen, anschließend pellen und in Scheiben schneiden.

2 Inzwischen für die Marinade Zwiebel abziehen, Ingwer schälen. Beides klein schneiden und in etwas Öl in einem Topf anschwitzen. Mit Brühe und Essig auffüllen und ca. 30 Minuten köcheln lassen.

3 Marinade mit Senf, Salz und Pfeffer würzen. Den warmen Sud durch ein Sieb über die noch warmen Kartoffeln geben und vorsichtig unterrühren.

4 Gurke und Lauchzwiebeln putzen, in feine Scheiben schneiden und unter den Salat heben. Kartoffel-Gurken-Salat mit Salz, Pfeffer und Essig abschmecken und auskühlen lassen. Überschüssige Marinade abtropfen lassen.

5 Die Bratwürste in Öl anbraten und im Ofen fertig garen. Alles anrichten, mit Kräutern garnieren. Bratwürste gibt es beim Fleischer des Vertrauens. In unserem Fall handelt es sich um Bratwürste mit roten Chilis und Thai-Basilikum von der Fleischerei Bünger in Berlin.

Dreierlei Raclette-Pfännchen

Vor-/Zubereitungszeit: je ca. 30 Minuten

Zutaten für je ca. 6 Portionen

Cheeseburger (im Bild oben)
Zwiebel abziehen, in Ringe schneiden. 160 g Peperoni-Ringe (Glas) abtropfen lassen. 2 Tomaten, 2 Gewürzgurken in Scheiben schneiden. 600 g Rinderhack mit Salz, Pfeffer würzen. Zwischen Folie 1 cm dick ausrollen, Kreise (Ø ca. 6 cm) ausstechen. Grillfläche des Raclette-Geräts mit Öl fetten, 3 Scheiben Sandwich-Toast darauf beidseitig rösten. Die Toasts in je 4 Stücke (Pfännchengröße) schneiden. Pattys auf der Grillfläche beidseitig anbraten. Toasts in die eingeölten Pfännchen legen, je 1 Patty daraufsetzen und mit Zwiebel, Peperoni, Tomaten, Gurken, Käse (200 g Cheddar in Scheiben) abschließen. Burger überbacken, evtl. pfeffern.

Garnelen-Mix (im Bild unten links)
Knoblauchzehen abziehen, fein schneiden. 350 g rohe Garnelen (geschält) abbrausen. 400 g Fischfilet (z. B. Kabeljau) abbrausen, würfeln. Beides mit 1 TL Thymianblättchen, Knoblauch, etwas Olivenöl mischen. 1 Scheibe Toastbrot sehr fein würfeln. 100 g Zucchini waschen, putzen, sehr fein würfeln. Zucchini, 30 g Olivenringe und Toast mischen. Fisch und Garnelen mit Salz, Pfeffer würzen, in geölte Pfännchen geben. Mit Zucchini-Mix bestreuen, überbacken. Dann auf die Grillfläche stellen, bis der Fisch-Mix auch von unten gegart ist, und evtl. mit Thymian garnieren.

Schlemmer-Pasta (im Bild unten rechts)
200 g kleine Nudeln (z. B. Penne) in Salzwasser bissfest garen, abgießen, abkühlen lassen. 1 rote Zwiebel abziehen, vierteln, in Streifen schneiden. 400 g gemischte Pilze putzen, würfeln. 100 g Esskastanien (vorgegart, vakuumiert) fein hacken, mit 50 g Semmelbröseln, 1 EL weicher Butter krümelig vermischen. 100 g Camembert in Streifen schneiden. Zwiebelstreifen und Pilze in etwas Öl anbraten, mit Salz, Pfeffer würzen. Nudeln und Pilze in geölte Pfännchen geben, mit Käse und Kastanien-Brösel-Mix belegen. Im Raclette überbacken.

Käsefondue

Vor-/Zubereitungszeit: ca. 30 Minuten

Zutaten für ca. 4 Portionen

- ○ 2–3 Knoblauchzehen
- ○ 250 g Emmentaler Käse
- ○ 250 g Greyerzer Käse (Gruyère)
- ○ 3 TL Speisestärke
- ○ 5–6 EL Kirschgeist
- ○ 300 ml trockener Weißwein
- ○ Cayennepfeffer oder Pfeffer
- ○ frisch geriebene Muskatnuss
- ○ Salz

1 Knoblauchzehen halbieren. Einen Kochtopf mit den Schnittflächen einer Knoblauchzehe gründlich ausreiben. Beide Käsesorten grob reiben. Stärke mit dem Kirschgeist glatt rühren.

2 Wein in den Topf gießen, auf dem Herd aufkochen lassen. Angerührte Stärke unterrühren, aufkochen. Den geriebenen Käse nach und nach mit einem Kochlöffel unter den heißen Wein rühren und darin schmelzen. Rühren, bis sich alles zu einer cremigen Mischung verbunden hat. Käsecreme mit Cayennepfeffer oder Pfeffer, Muskat und evtl. etwas Salz würzen.

3 Mit dem übrigen Knoblauch ein Caquelon (ein spezieller Käsefonduetopf mit dickem Boden; ersatzweise ein normaler Fonduetopf) ausreiben. Käsemischung ins Caquelon umfüllen und auf ein Rechaud auf den Tisch stellen. Käsefondue bei kleiner Hitze heiß halten, dabei öfter am Topfboden rühren, damit nichts ansetzt.
Und dazu: Zum klassischen Käsefondue reicht man Brot (Baguette, Graubrot, Ciabatta, Nussbrot), mundgerecht gewürfelt. Auch kleine Champignons, Gewürzgurken, eingelegte Perlzwiebeln oder kleine gekochte Kartoffeln eignen sich zum Eintunken.

So sieht ein perfekt eingedeckter Tisch aus

Am Tag vor dem Weihnachtsessen sollten Sie die Teile des Dinners zubereiten, die sich vorbereiten lassen, und sie abgedeckt kühl stellen. Legen Sie sich für den nächsten Tag schon alles bereit, was Sie beim Kochen brauchen werden – von Ihrem Lieblingsmesser über Pfannen und Töpfe bis zu Schüsseln und Pürierstab. Den Tisch können Sie auch bereits an diesem Tag eindecken, das schont Ihr Zeitbudget.

Beim Menü hilft es, die Zeitplanung bei der Zubereitung vorab gut zu durchdenken. Lesen Sie alle Rezepte genau, und notieren Sie sich bei mehreren Gängen, was wann gemacht werden muss. So ein Fahrplan kann goldwert sein, wenn es am Herd doch hektisch wird, etwas schief geht oder Unvorhergesehenes passiert.

Planen Sie so, dass alles so warm wie möglich auf den Tisch kommt. Dazu sollten Sie beispielsweise das Serviergeschirr bereitstellen – am besten in der Reihenfolge, wie Sie es für die einzelnen Schritte des Menüs brauchen. Dekoration wie Gewürze oder essbare Blüten sollten in Schalen bereitliegen, um sie schnell auf die Teller bringen zu können.

Stoffservietten in die Wäscherei geben

Neben den Zutaten selbst sollten Sie auch schauen, ob Sie alles an Tischwäsche und Servietten zu Hause haben, was Sie brauchen, oder ob noch etwas gewaschen und gebügelt beziehungsweise chemisch gereinigt werden muss. Stoffservietten zu nutzen, ist sehr elegant, aber sie zu waschen und zu bügeln, ist sehr aufwendig. Sie können Sie aber für wenig Geld in die Wäscherei geben und bekommen Sie perfekt geplättet wieder. Wenn Sie nicht eine große Leidenschaft fürs Bügeln haben, nutzen Sie diesen Service, und tun Sie auch das rechtzeitig, um unnötigen Stress kurz vor dem Fest zu vermeiden.

Die Dekoration

Wer gern üppig dekoriert, kann zu Weihnachten in die Vollen gehen. Vom Türkranz über Schleifen an Stühlen bis zur Weihnachtspyramide aus dem Erzgebirge: Stellen und hängen Sie auf, was Sie schön finden und was Ihnen Spaß macht! Wenn irgendwann gilt "Mehr ist mehr", dann jetzt. Aber wirklich nur, wenn Sie Lust darauf haben. Eine schlichte Deko passt genauso zum Fest!

PROMITIPP

Dekotipp von Jana Ina: statt Adventskranz einfach Kerzen und Kugeln auf einer schönen Platte anrichten!

"Ich liebe Dekoration. Bei uns steht der Baum auch schon zu Beginn der Adventszeit und nicht erst kurz vor Weihnachten. Das ist doch schade, wenn man sich nur so kurz an ihm erfreuen kann." Der Baum wird bei den Zarrellas immer anders geschmückt: "Wir hatten auch schon mal für die Kinder nur Kuscheltiere daran hängen. Das hatte auch was. In manchen Jahren ist er eher einfarbig, dann wieder bunter."

Jana Ina Zarrella (Moderatorin, Model, Designerin)

Es ist schön, wenn sich ein roter Faden durch die Deko zieht - oftmals ist das hier wirklich die Farbe Rot, kombiniert mit Grün, Weiß, Gold ... Versuchen Sie, sich auf einige Töne zu beschränken, denn das gibt dem Ganzen einen Rahmen. Sie können sich dabei auch bewusst für ungewöhnlichere Nuancen entscheiden, etwa ein knalliges Pink oder schlicht das Konzept "ganz bunt": Das funktioniert besonders beim Baumschmuck sehr gut, wo Sie mit Kugeln in den entsprechenden Farben sowie Anhängern und Girlanden toll mit den Farben spielen können.

✦✦✦

Kerzen sind ein ganz wichtiges Element jeder Weihnachtsdeko. Sie können sie überall in der Wohnung platzieren, sie machen ein besonders festliches Licht. Echte Kerzen am Baum sind natürlich etwas ganz Besonderes. Wenn Sie diese Form der Beleuchtung wählen, dann lassen Sie den Baum aber nicht allein, sondern bleiben Sie immer dabei – und stellen Sie zur Sicherheit Löschmittel bereit.

BUNTE - TIPP

Den Baum loben

Im süddeutschen Raum gibt es eine amüsante Tradition, die Sie vielleicht gemeinsam mit Ihren Gästen an Weihnachten aufleben lassen können: das Christbaumloben! Das Prinzip ist ganz einfach: Wer den Baum lobt, kriegt einen Schnaps.

Dieses Christbaumloben findet traditionell zwischen dem 26. Dezember und 6. Januar statt, dann ziehen in Teilen von Baden-Württemberg und Bayern Gruppen umher, die bei Freund/-innen und Bekannten klingeln, um deren Weihnachtsbaum zu bestaunen und ausgiebig zu würdigen. Man könnte ihnen unterstellen, dass sie dabei vor allem das alkoholische Getränk im Sinn haben, das die Hausherr/-innen ihnen sodann servieren müssen. Vor allem weil in der Regel wirklich ausführlich Länge, Wuchs und Dekoration in höchsten Tönen beschrieben werden, während vermeintliche Mängel umfassend beschönigt werden. Ein großer Spaß also!

Eine Abwandlung dieses Brauches ist es, wenn Ihre Gäste nicht von Haus zu Haus ziehen, sondern einmalig belohnt werden, wenn sie Ihren Baum loben. Und wenn sie noch mal loben und noch mal und noch mal, wird das Glas eben wieder gefüllt ...

Mit Kindern feiern

Für Kinder ist Weihnachten besonders aufregend. Wochenlang fiebern sie diesem Fest entgegen, öffnen jeden Tag ein Türchen im Adventskalender und fragen, wie oft sie noch schlafen müssen, bis endlich das wichtigste Datum heranrückt: Heiligabend. Für die Erwachsenen kann es herrlich sein, diese Gefühle mitzuerleben und zu sehen, wie die Kleinen sich freuen.

✦✦✦

Um die Aufregung möglichst gut auffangen zu können und Ihre eigenen Nerven zu schonen, sollten Sie möglichst alles gut vorbereiten. Spätestens am 24. Dezember vergeht die Zeit wie im Flug, und der Tag ist in der Regel voll gepackt mit To-dos – von Baum aufstellen bis Braten in den Ofen bringen. Alles, was vorbereitet ist, hilft. Oder was ein paar Tage vorher erledigt werden kann: Den Baum zum Beispiel kann man auch schon am 23. Dezember aufstellen. Wenn Sie vorher eine kleine Scheibe am Stamm frisch absägen und Wasser in den Baumständer geben, hält sich das Grün sehr gut. Das Schmücken können Sie dann zum Beispiel direkt am 24. erledigen – dann sind die Kids auch gleich noch etwas beschäftigt.

Machen Sie nicht zu viele Termine aus, vor allem an den Feiertagen. Wenn Sie von den einen Verwandten zu den nächsten hetzen, stresst das die ganze Familie. Überlegen Sie sich vorher genau, wer an den Feiertagen und in der Zeit drum herum wirklich besucht werden muss und soll, und verteilen Sie diese Verabredungen gut. Kommunizieren Sie offen, warum Sie so entscheiden, damit können Sie die Enttäuschung bei Pateneltern und Co. zumindest klein halten.

Überlegen Sie sich, welche Rituale Ihnen mit Ihren Kindern wichtig sind – und ziehen Sie diese durch, egal was andere Verwandte sagen. Wenn Großeltern und Co. zu Besuch kommen, dann weihen Sie diese vorher in Ihre Pläne ein, und bitten Sie sie, sich an die besprochenen Abläufe zu halten. Auch bezüglich der Geschenke sollten Sie versuchen, vorab zu klären, was gewünscht ist und wer was schenken mag. Das vermeidet doppelte Käufe und traurige Gesichter.

✦✦✦

Auch die Kinder sollten genau wissen, was sie an Heiligabend und in der restlichen Weihnachtszeit erwartet. Besprechen Sie vorab genau mit ihnen, welche Pläne Sie haben, wann Sie wen besuchen oder wer zu Besuch kommt, welche Rituale Sie planen und was die Kinder dazu beitragen können. Das gibt dem Nachwuchs einen Rahmen und etwas Orientierung – auch wenn die Emotionen sicher trotzdem ab und zu überkochen. Aber genau das macht das Fest ja auch besonders schön.

> „Wir streiten auch mal, aber insgesamt ist die Weihnachtszeit doch sehr von Liebe geprägt. Wir versuchen, auch unseren Kindern zu vermitteln, warum wir Weihnachten feiern: nicht der Geschenke wegen, sondern um die Geburt Jesu zu würdigen. Wir zelebrieren das richtig. Wir beten zusammen, singen zusammen, essen zusammen und packen dann gemeinsam die Geschenke aus. Das Wichtigste ist, dass die ganze Familie zusammen ist."

Jana Ina Zarrella (Moderatorin, Model, Designerin)

Nicht nur Familie

Weihnachten ist klassischerweise ein Familienfest. Aber längst nicht alle Menschen haben eine Familie, mit der sie feiern können oder wollen. Das kann durchaus traurig machen oder sich einsam anfühlen. Es kann aber auch eine Chance sein, das Weihnachtsfest ganz neu zu denken und zu gestalten. Vielleicht feiern Sie selbst allein oder mit Partner/-in und haben Lust, das Fest mal für Freund/-innen oder Bekannte auszurichten, die in derselben Lebenssituation sind wie Sie? Die Kernidee von Weihnachten ist es schließlich, mit lieben Menschen zusammenzukommen und sich auf das zu besinnen, was einem wichtig ist. Fragen Sie, ob die Personen, die Sie im Kopf haben, Lust auf so einen Abend hätten. Und gestalten Sie mit ihnen ein großes, festliches Dinner mit allem Schnick und Schnack. Oder auch ein eher unkonventionelles Fest – alles ist erlaubt!

Das Fest neu erfinden

Sie kommen als Erwachsene zusammen, ohne irgendwelche Altlasten und Verstrickungen, und allein das kann man feiern. Servieren Sie ein gutes Essen, auf das Sie Lust haben. Legen Sie die Musik auf, die Sie mögen – das können Weihnachtsklassiker sein oder eben gerade nicht. Stellen Sie einen Baum auf, oder lassen Sie ihn bewusst weg. Dekorieren Sie opulent, oder zünden Sie nur ein paar schlichte Kerzen an. Machen Sie einen Spieleabend, oder reden Sie einfach bis tief in die Nacht über das zurückliegende Jahr, das Leben im Großen und Ganzen oder auch nur darüber, wie es Ihnen gerade geht. Tun Sie einfach, worauf Sie Lust haben! Schenken Sie sich etwas, oder verzichten Sie bewusst darauf. Trinken Sie einen guten Wein, und genießen Sie einfach die Stille, in die die Welt an diesen Tagen getaucht ist. Erfinden Sie dieses Fest für sich neu, und gestalten Sie es so, dass Sie gemeinsam mit Ihren Gästen einen sehr schönen Abend haben.

✦✦✦

Genauso schön kann es sein, Freund/-innen zwischen den Jahren oder einige Tage vor dem Fest zu einem lockeren Umtrunk einzuladen, bei dem man den Vorbereitungsstress vor der Tür lassen kann und einfach eine gute Zeit hat. Feiern Sie mit ihnen gemeinsam, und setzen Sie eher auf lässige, entspannende Momente. Fingerfood und Drinks sind zum Beispiel perfekt für so einen Anlass. Genauso wie natürlich auch ein gesetztes Dinner schön sein kann, bei dem man noch mal tief in Gespräche eintaucht, bevor der große Trubel der heimischen Feiertage weitergeht. Hier geht es einfach darum, dass alle in lockerer Runde zusammenkommen und eine kleine Auszeit genießen, innehalten und sich ein Stück weit fallen lassen können.

Sich auf die schönen Seiten besinnen

Auch Sie selbst sollten als Gastgeber/-in diese Stimmung leben, sich nicht zu viel Arbeit mit der Einladung machen, sondern lieber auf simple, gute Rezepte setzen und selbst ganz viel an den Gesprächen teilhaben und die schöne Atmosphäre genießen. Das entspannt Sie genauso wie Ihre Gäste! Vielleicht machen Sie eine kleine Tradition aus diesem Event und laden beispielsweise immer am letzten Sonntag vor Heiligabend zu einem entspannten "Christmas Come-together" ein – das kann ein Termin sein, auf den sich dann alle immer schon vorher freuen und bei dem alle wissen, dass er die Gelegenheit bietet, durchzuatmen und sich auf die schönen Seiten der Weihnachtszeit zu besinnen.

✦✦✦

Wenn Sie als Erwachsene an Heiligabend Ihre Kernfamilien besuchen und dafür in die alte Heimat fahren, treffen Sie dort vielleicht auch alte Bekannte, die inzwischen in alle Welt verstreut sind. Ein Kneipenabend mit dem Schwarm aus der elften Klasse oder der besten Freundin von früher kann ein tolles Erlebnis sein. Vielleicht können Sie auch da Gastgeber/-in sein und ein gemeinsames Treffen, zum Beispiel in einem Restaurant, vorschlagen. Oder wenn das Haus Ihrer Eltern den Raum dafür hat und diese einverstanden sind, laden Sie doch dorthin zu einem kleinen Umtrunk ein. Dann sollten natürlich auch Ihre Eltern herzlich willkommen sein – diese freuen sich sicher auch, bekannte Gesichter wiederzusehen. Vielleicht finden viele der Gäste so eines kleinen Events nur in diesen eher ruhigen Tagen die Zeit, um sich einen Abend dafür zu nehmen. Abgesehen davon kann es ihnen auch guttun, wenn man mal kurz rauskommt, während man bei den eigenen Eltern zu Besuch ist – das kann den familiären Frieden sehr fördern.

Weihnachtsgans

Vor-/Zubereitungszeit: ca. 3 ½ Stunden

Zutaten für 6 Portionen

Für die Apfelfüllung

- 3 Zwiebeln
- 3 kleine Äpfel
- 1 Bund Petersilie
- etwas Orangen- und Zitronenschale (kurz blanchiert)
- Muskatnuss
- Salz, Pfeffer
- getrockneter Majoran und Beifuß
- 1 EL Apfelbrand

Außerdem

- 1 Gans (mit Gänseklein)
- Salz
- 1–2 Zwiebeln
- 1 kleine Möhre
- ½ kleiner Knollensellerie
- 100 ml stark gesalzenes Wasser mit 1–2 EL Honig darin

1 Zwiebeln und Äpfel vierteln. Petersilie hacken, mit allen anderen Zutaten für die Füllung vermengen. Gans waschen, trocken reiben, innen und außen salzen. Apfelfüllung sowie eine kleine, leere Mineralwasserflasche (Etiketten gut entfernen) mit dem Flaschenhals voran in die Bauchhöhle schieben. Öffnung mit Spießen verschließen. Backofen auf 160–180 Grad vorheizen.

2 Gänseklein hacken, im Bräter verteilen. Gans (auf einer Keulenseite) darauflegen und mit kochendem Wasser übergießen, ca. 3 Stunden braten. Dabei nach 1 ½ Stunden Gans wenden, Zwiebeln, Möhre, Sellerie (grob gewürfelt) und evtl. mehr Wasser zugeben. Fett abschöpfen, Gans an dicken Stellen mit der Gabel einstechen.

3 Sind die Keulen weich, Gans (Brust nach oben) auf einen Rost mit Blech darunter legen. Mit Salzwasser-Honig-Mix bepinseln und knusprig braten. Fett abschöpfen, Soße passieren, einköcheln.

Dazu: Rotkraut und Knödel. Oder Kürbis-Kartoffel-Gratin.

Hasenrücken mit Roquefort-Crumble

Vor-/Zubereitungszeit: ca. 1 Stunde

Zutaten für 4 Portionen

- 8 Feigen
- 180 g Roquefort
- 120 g Macadamianusskerne
- 80 g Butter
- 120 g Mehl
- 1 Orange (Bio)
- 2 TL Meersalz
- 1 Hasenrücken (ca. 800 g; evtl. vorbestellen)
- Pfeffer
- 2 EL Erdnussöl
- 1 Endiviensalat,
- 120 g Speck
- 1 EL Olivenöl,
- 3 EL Avocadoöl
- 4 EL Weißweinessig
- 1 TL Senf
- evtl. Dill zum Garnieren

1 Feigen waschen, über Kreuz einschneiden. Feigen und Käse in Auflaufform (ca. 20 × 20 cm) verteilen. Nüsse hacken, mit Butter und Mehl zu Streuseln kneten. Streusel auf Feigen und Käse geben.

2 Backofen auf 200 Grad vorheizen. Orangenschale fein abreiben, mit dem Meersalz mischen. Hasenrücken kräftig pfeffern. Erdnussöl in ofenfester Pfanne erhitzen, Fleisch darin rundum anbraten.

3 Fleisch und Crumble in den vorgeheizten Ofen schieben. Nach 20 Minuten das Fleisch herausholen (Crumble bleibt im Ofen), Ofen ausstellen. Fleisch mit Orangensalz würzen, in Alufolie wickeln und ca. 7 Minuten ruhen lassen.

4 Salat putzen, waschen, trocken schütteln, klein zupfen. Speck würfeln, im Olivenöl knusprig braten. Avocadoöl, Essig und Senf zum Speck geben, vom Herd nehmen. Salat mit Speckdressing mischen.

5 Crumble aus dem Ofen holen. Fleisch auswickeln, aufschneiden, mit Crumble und noch warmem Endiviensalat anrichten. Eventuell mit frischem Dill garniert servieren.

Pochierte Rotweinbirnen

Vor-/Zubereitungszeit: ca. 30 Minuten
plus Wartezeit: über Nacht

Zutaten für 4 Portionen

- 750 ml Rotwein
- 150 g brauner Zucker
- 2 kleine Zimtstangen
- 4 Anissterne
- 4 Kardamomkapseln
- 3–4 Gewürznelken
- 4 mittelgroße Birnen (nach Möglichkeit noch mit ihrem Stiel dran; die Birnen sollten reif sein, aber noch nicht zu weich)

1 Den Rotwein mit dem Zucker in einem Topf verrühren. Zimtstangen, Sternanise, Kardamomkapseln und Nelken hinzufügen. Alles zum Kochen bringen und bei kleiner Hitze 10 Minuten köcheln lassen.

2 Inzwischen die Birnen waschen, schälen, dabei den Stiel jedoch stehen lassen. Aus den Birnen von unten jeweils das Kerngehäuse herauslösen (evtl. mit einem Kugelausstecher). Die ausgehöhlten Früchte in den Rotweinsud legen und 8–10 Minuten darin bei geringer Hitze zugedeckt köcheln lassen.

3 Topf vom Herd ziehen. Die Birnen im Rotweinsud zugedeckt abkühlen und über Nacht durchziehen lassen.

4 Die pochierten Rotweinbirnen mit etwas Sud und nach Belieben mit den Gewürzen in einer festlichen Schale anrichten und servieren. Und dazu: nach Belieben noch eine Kugel Vanilleeis oder Schokoladeneis reichen. Oder Vanillesoße oder Schlagsahne dazureichen.

Tipp

Statt Birnen Feigen oder Äpfel pochieren. Oder Weißwein statt Rotwein nehmen.

Big Celebration!

Silvester ist das Fest des Glitzerns, von Vorfreude, Konfetti und Feuerwerk. Der Abend bietet eine gute Möglichkeit, sich über das bewusst zu werden, was hinter Ihnen liegt, und auf das zu freuen, was Sie in den kommenden Monaten erleben werden. Silvesterpartys sind häufig ausgelassen, es wird viel getrunken und getanzt, und das gern mal bis in die frühen Morgenstunden. Wenn Sie dieses Event bei sich zu Hause ausrichten wollen, dann sollten Sie darauf gefasst sein, dass es etwas wilder zugehen kann. Auch wenn Sie das natürlich steuern können: Falls Sie eine Tanzfläche einrichten, eine/-n DJ/-ane anheuern und schon beim Eintreffen der Gäste eine Lichtshow im Gange ist, dann wird das Publikum eher aufdrehen, als wenn es von einem eleganten Dinnertisch mit weißer Tischdecke empfangen wird und Klassik aus den

Lautsprechern kommt. Entscheiden Sie also vorher, wie viel "Exzess" für Sie okay ist und ob das in Ihrer Wohnung möglich ist, ohne dass Sie danach renovieren müssen.

✦✦✦

Raclette oder Fondue sind die kulinarischen Klassiker für einen Silvesterabend: Hier kann man herrlich lange zusammensitzen und sich die Dinge nehmen, die man gern isst. Auch ein Buffet passt gut, vor allem wenn es eher Richtung "Party" als "Dinner" geht.

Das große Anstoßen um Mitternacht ist der Höhepunkt jeder Silvesterparty: Den Champagner oder Sekt sollten Sie rechtzeitig kalt gestellt haben, mindestens einen Tag vorher. Und die Flaschen sollten möglichst stehend gelagert werden, damit die Kohlensäure nicht zu unruhig wird. Denken Sie auch an alkoholfreie Alternativen: Nicht jeder kann, möchte oder darf Alkohol trinken, und das sollten Sie ohne jegliche Kommentare akzeptieren und es Ihren Gästen möglichst einfach machen, eine Alternative zu wählen.

BUNTE - TIPP

Eine Flasche füllt etwa fünf Gläser. Davon sollten Sie genug saubere Exemplare griffbereit haben. Die Gläser dazu am besten mit klarem Wasser ausspülen und gut trocknen lassen. Füllen Sie sie nicht zu früh, sondern wirklich erst kurz vor Mitternacht. Aber beginnen Sie auch nicht zu spät, damit keine Hektik ausbricht. Idealerweise sollten Sie sich helfen lassen, denn alle Gläser schnell zu füllen, zu verteilen und später gegebenenfalls nachzuschenken, ist eine nicht ganz einfache Aufgabe. Stellen Sie auch einen Sektkühler bereit, der mit Eiswürfeln oder Crushed Ice gefüllt ist und in dem Sie die angebrochenen Flaschen parken können.

Und dann atmen Sie selbst noch einmal durch, blicken in die Runde und erheben das Glas auf Ihre Gäste: auf ein fröhliches, gesundes und glückliches neues Jahr mit vielen weiteren schönen Einladungen, Festen und Events!

Was für ein Fest!

Wenn sich langsam ein Gast nach dem anderen verabschiedet, es spät geworden ist und etwas Ruhe einkehrt, dann sollten Sie diese Momente am Ende Ihres Festes noch einmal besonders genießen! Es ist eine ganz besondere Stimmung, wenn ein Fest fast hinter einem liegt, aber eben auch nur fast. Oft verbleibt ja noch ein "harter Kern" an lieben Menschen – und die Gespräche werden tiefer, nachdenklicher, emotionaler.

Fangen Sie bloß nicht an, jetzt schon ans Aufräumen zu denken! Atmen Sie stattdessen noch einmal tief durch, setzen Sie sich zu den anderen, und tauchen Sie noch einmal in die Gespräche mit ihnen ein. Lassen Sie in Gedanken den Abend noch einmal Revue passieren: Welche Momente haben sich Ihnen besonders eingeprägt? Welche Erinnerungen nehmen Sie mit? Wir sind uns sicher: Sie dürfen sich kräftig selbst loben für dieses gelungene Fest. Die Gäste werden es Ihnen spiegeln, aber Sie können sich auch selbst noch einmal sagen, dass Sie etwas Einzigartiges geschaffen haben: Stunden der Begegnung, von Miteinander und großer Freude, getragen von dem Gefühl, für diese Zeit eine Gemeinschaft gewesen zu sein.

Seien Sie stolz auf sich. Und freuen Sie sich auf Ihre nächste Einladung. Cheers!

Quellenverzeichnis

S. 7: Zitat Lilly zu Sayn-Wittgenstein: BUNTE Genuss & Stil, Frühling / Sommer 2020, S. 16

S. 16: Zitat Edgardo Osorio: BUNTE Genuss & Stil, Frühling / Sommer 2020, S. 16

S. 23: Tipp von Edgardo Osorio: BUNTE Genuss & Stil, Frühling / Sommer 2020, S. 15

S. 26: Zitat Franziska von Hardenberg: BUNTE Genuss & Stil, Frühjahr / Sommer 2022, S. 77

S. 28: Zitat Franziska Knuppe: BUNTE Genuss & Stil, Frühling / Sommer 2022, S. 16

S. 28: Zitat Lilly zu Sayn-Wittgenstein: BUNTE Genuss & Stil, Frühling / Sommer 2020, S. 13

S. 29: Zitat Franziska von Hardenberg: BUNTE Genuss & Stil, Frühjahr / Sommer 2022, S. 76

S. 40: Tipps von Ulrich Dahlmann: BUNTE Genuss & Stil, Frühjahr / Sommer 2021, S. 37

S. 41: Zitat Franziska von Hardenberg: BUNTE Genuss & Stil, Frühjahr / Sommer 2022, S. 77

S. 63: Zitat Franziska Knuppe: BUNTE Genuss & Stil, Frühling / Sommer 2022, S. 16

S. 78–80: Tipps und Zitat Torsten Michel: BUNTE Genuss & Stil, Frühling / Sommer 2020, S. 30

S. 82: Zitat Mareile Höppner: BUNTE Genuss & Stil, Frühling / Sommer 2020, S. 39

S. 82: Zitat Felix von Jascheroff: BUNTE Genuss & Stil, Frühling / Sommer 2020, S. 39

S. 82: Zitat Silvia Schneider: BUNTE Genuss & Stil, Frühling / Sommer 2020, S. 39

S. 82: Zitat Michaela May: BUNTE Genuss & Stil, Frühling / Sommer 2020, S. 39

S. 90: Zitat Lilly zu Sayn-Wittgenstein: BUNTE Genuss & Stil, Frühling / Sommer 2020, S. 16

S. 108: Tipps von Claudia Doriat: BUNTE Genuss & Stil, Frühling / Sommer 2020, S. 65

S. 128: Zitate Max Kangni: BUNTE Genuss & Stil, Frühling / Sommer 2022, S. 78

S. 138: Zitat Vitalie Taittinger: BUNTE Genuss & Stil, Herbst / Winter 2020, S. 78

S. 139: Zitat Franziska von Hardenberg: BUNTE Genuss & Stil, Frühjahr / Sommer 2022, S. 77

S. 141: Zitat Franziska von Hardenberg: BUNTE Genuss & Stil, Frühjahr / Sommer 2022, S. 77

S. 142: Zitat Edgardo Osorio: BUNTE Genuss & Stil, Frühling / Sommer 2020, S. 16

S. 143–144: Interview mit Roland Trettl: BUNTE Genuss & Stil, Frühling / Sommer 2020, S. 72 / 73

S. 152: Zitat Franziska von Hardenberg: BUNTE Genuss & Stil, Frühjahr / Sommer 2022, S. 77

S. 156–161: Tipps von Clemens Graf von Hoyos: BUNTE Genuss & Stil, Frühling / Sommer 2020, S. 18 / 19

S. 161-162: Zitat und Tipps von Enrico Brissa: BUNTE Genuss & Stil, Herbst / Winter 2020, S. 74

S. 163-164: Zitat François Graf du Chastel: BUNTE Genuss & Stil, Herbst / Winter 2021, S. 72

S. 191: Zitat Victoria Swarovski: BUNTE Genuss & Stil, Herbst / Winter 2020, S. 15

S. 191: Zitat Paulina Swarovski: BUNTE Genuss & Stil, Herbst / Winter 2020, S. 15

S. 191: Zitat Victoria Swarovski: BUNTE Genuss & Stil, Herbst / Winter 2020, S. 15

S. 192: Zitat Jana Ina Zarella: BUNTE Genuss & Stil, Herbst / Winter 2021, S. 15

S. 194: Jana Ina Zarella: BUNTE Genuss & Stil, Herbst / Winter 2021, S. 15

S. 203-204: Zitat und Tipp von Jana Ina Zarella: BUNTE Genuss & Stil, Herbst / Winter 2021, S. 15

S. 208: Zitat Jana Ina Zarella: BUNTE Genuss & Stil, Herbst / Winter 2021, S. 15

Bildnachweise

S. 2: Frühling: © Westwing PR

S. 2: Sommer: © Camera Press / Maree Homer

S. 4: Herbst: © Image Professionals / Are Media

S. 4: Winter: © Philipp Rathmer für BUNTE Genuss & Stil 09 / 21

S. 7: Lilly zu Sayn-Wittgenstein: © Lilly zu Sayn-Wittgenstein

S. 8: Frühling: © Westwing PR

S. 16: Edgardo Osorio: © Andrea Cresci

S. 20: Dress Code Icons: © Noun Project – Ribbla Team

S. 24: Dekorierter Tisch: © JUNI Fotografen_Nikolas Hagele / Julia Schmidt

S. 26: Sissi von Hardenberg: © JUNI Fotografen_Nikolas Hagele / Julia Schmidt

S. 28: Franziska Knuppe: © Philipp Rathmer c/o Klein Photographen

S. 31: Dinkel-Gemüse-Tarte: © burdafood.net / Ulrike Holsten

S. 32: Tisch Landhausstil: © Gabriel Trujillo – Focused Collection by Depositphotos

S. 33: Tisch Orient / Country: © mauritius images / Katie Cornett / Alamy

S. 33: Tisch Mediterran: © Jens Mauritz für Bunte

S. 35: Amarant-Müsli auf Kaffeejoghurt: © burdafood.net / Thorsten Suedfels

S. 36: Gefülltes Kräuteromelett: © burdafood.net / Thorsten Suedfels

S. 41: Erbeerbowle: © Image Professionals / The Picture Pantry

S. 46: Rote-Bete-Salat mit Wildkräutern: © burdafood.net / Jan-Peter Westermann

S. 57: Buffet: © shutterstock_offset_Gozde Durusoy

S. 59: Bunter Tomatensalat in Parmesan-Dressing: © burdafood.net / Thorsten Suedfels

S. 60: Magic Red Pasta: © StockFood / Bauer Syndication

S. 61: Eiersalat mit Zucchini-Krapfen: © burdafood.net / Thorsten Suedfels

S. 65: Grazing Table: © The Lane x Eleven Events

S. 73: Sauce hollandaise: © jalag / seasons.agency / Gräfe & Unzer Verlag / Beer, Günter

S. 74: Spargelcremesüppchen mit Kaviar-Toasties: © burdafood.net / Ulrike Holsten

S. 75: Burrata auf Salat von Auberginen und Spargel: © burdafood.net / Ulrike Holsten

S. 76: Gedämpfter Ofenspargel zu rosa Kalbsfilet: © burdafood.net / Ulrike Holsten

S. 77: Ofenspargel mit mediterraner Weinsoße: © burdafood.net / Brigitte_Sporrer

S. 80: Torsten Michels: © René Riis

S. 85: Sage Brown Derby: © burdafood.net / Thorsten Suedfels

S. 85: Rhabarber-Aperol: © burdafood.net / Thorsten Suedfels

S. 86: Sommer: © Camera Press / Maree Homer

S. 96: Franziska Knuppe mit Grill: © Philipp Rathmer für BUNTE

S. 104: Spareribs in würziger Biermarinade: © burdafood.net / Thorsten_Suedfels

S. 105: Miso-Auberginen vom Grill: © burdafood.net / Oliver Brachat

S. 106: Tomahawk-Steaks mit selbst gemachter Chilisauce: © burdafood.net / Oliver Brachat

S. 107: Dessert vom Grill: Süßes Omelett »Pohorje«: © burdafood.net / Miha_Lorencak

S. 109: Picknick: © shutterstock_offset_The Picture Pantry

S. 111: Gartenparty: © shutterstock_offset_Hannah L_Lebendige Fotografie / Mauritius Images

S. 118: Herbst: © Image Professionals / Are Media

S. 122: Herbstlicher Tisch: © shutterstock_offset_David Prince

S. 125: Gurkensorbet mit knusprigen Rosmarinstangen: © burdafood.net / Thorsten Suedfels

S. 132 / 133: Weingläser: © Riedel Glas

S. 138: Vitalie Taittinger: © Stephane Grangier – Corbis / Corbis via Getty Images

S. 143: Roland Trettl: © Sat. 1 / Arne Weychardt

S. 147: Pasta bolognese: © Image Professionals / News Life Media

S. 153: Truthahn: © Image Professionals / PhotoCuisine

S. 154: Rosenkohl: © Image Professionals / JKey Photo

S. 155: Pumpkin Pie: © Image Professionals / The Picture Pantry

S. 161: Enrico Brissa: © Urban Zintel

S. 164: François Graf du Chastel: © Chatelles / François Graf du Chastel

S. 166: Winter: © Philipp Rathmer für BUNTE Genuss & Stil 09 / 21

S. 173: Scones: © burdafood.net / Thorsten Suedfels

S. 174: Schlemmer-Sandwich: © burdafood.net / Thorsten Suedfels

S. 175: Mandelhörnchen: © burdafood.net / Thorsten Suedfels

S. 176: Chai-Tee-Sterne: © burdafood.net / Thorsten Suedfels

S. 177: Nugat-Kipferl: © burdafood.net / Thorsten Suedfels

S. 178: Wohnzimmer mit Kamin und Weihnachtsbaum: © Simon Upton / Linna Nickel

S. 180: Minestrone-Eintopf: © David Loftus

S. 181: Penne all'arrabbiata: © StockFood / PhotoCuisine

S. 191: Paulina Swarovski: © Schöttger Fotografie für BUNTE

S. 191: Victoria Swarovski: © Schöttger Fotografie für BUNTE

S. 192: Jana Ina Zarrella: © Philipp Rathmer für BUNTE Genuss & Stil 09 / 21

S. 195: Kürbissuppe: © Image Professionals / Addictive Stock

S. 197: Bratwürste auf Kartoffelsalat: © Georg Chlebarov

S. 198: Dreierlei Raclette-Pfännchen: © StockFood / Westermann, Jan-Peter

S. 199: Käsefondue: © burdafood.net / Mathias Neubauer

S. 200 / 201: Teller, Besteck, Gläser: © Schöttger Fotografie für BUNTE

S. 203: Weihnachtlich eingedeckter Tisch: © Image Professionals / Great Stock!

S. 204: Adventskränze: © Frauke Jank

S. 211: Weihnachtsgans: © Flora Press / Kramp & Gölling

S. 212: Hasenrücken mit Roquefort-Crumble: © burdafood.net / Thorsten Suedfels

S. 213: Pochierte Rotweinbirnen: © StockFood / Paul, Michael

IMPRESSUM
Das große BUNTE Buch – Stilvoll feiern
ISBN 978-3-9824351-2-1
1. Auflage 2022

BUNTE Bücher - BUNTE Entertainment Verlag
BUNTE Entertainment Verlag GmbH
Arabellastr. 23, 81925 München
www.bunte-magazin.de

In redaktioneller Zusammenarbeit mit Eden Books

Text: Juliane Gringer
Lektorat: Katharina Theml
Korrektorat: Rotkel. Die Textwerkstatt
Umschlaggestaltung: FAVORITBUERO, München
Layout und Satz: Datagrafix GSP GmbH, Berlin | www.datagrafix.com
Druck und Bindung: optimal media GmbH, Glienholzweg 7, 17207 Röbel/Müritz

Im Vertrieb der Edel Verlagsgruppe GmbH
Neumühlen 17, 22763 Hamburg
buchvertrieb@edel.com

Printed in Germany

Der BUNTE Entertainment Verlag unterstützt bei der Produktion dieses Buches das Projekt "Junge Riesen für die nächsten 100 Jahre". Damit wird ein Anteil der unvermeidbaren CO_2-Emissionen im direkten Umfeld des Produktionsstandortes kompensiert.